Individuelle Küchen

Geschichte der Küche
Entwurf und Planung
Materialien und Oberflächen
Technische Geräte und Ausstattung
Klein und kompakt
Unterm Dach
Ohne Wand mehr Raum
Schnittstelle
Intelligent integriert
Bunte Boxen
Farbspiel
En passant
Einzeiler
Die kleine Schwarze
Heizkörperbild
Lichtdurchflutet
Schlicht
Massiv schwebend
Stilvoll in Stahl
Gestreckt
Rheinblick
Feuerstelle
Archetypisch
Sachlich-kühl
Professionell
Oberlicht
Klare Linie
Rollbar
Kubisch
Skulptural
Eleganter Aufschwung
Gekantet und gefaltet
Findling
Kontraste
Viel dahinter
Glänzende Aussichten
In Spanien
Raum (fast) ohne Ende
Hochwertig
Geschwungen

Maßgeschneidert von

Entwicklungen und Trends
Ausgewählte Literatur
Hersteller
Planer und Gestalter
Ausführende Firmen
Fotografen
Abbildungsnachweis

Roger Mandl

Individuelle Küchen

Architekten, Designern und Schreinern

Deutsche Verlags-Anstalt
München

8 Geschichte der Küche
14 Entwurf und Planung
18 Materialien und Oberflächen
26 Technische Geräte und Ausstattung

Kleine, einfache Küchen

Klein und kompakt 32 Küche mit Weinregal baustein architekten
Unterm Dach 34 Küche in Kirschbaum Schreinerei Strasser
Ohne Wand mehr Raum 36 Küche mit Öffnung Gestaltung 3e
Schnittstelle 38 Küche mit Stauraum das werkteam
Intelligent integriert 42 Küche im Dachgeschoss Holzbox ZT GmbH

Kleine, spezielle Küchen

Bunte Boxen 44 Miniküche in einem Besprechungsraum Kreutzer Architekten
Farbspiel 46 Modulküche Inform-Saarburg
En passant 48 Teeküche in einem Architekturbüro landau und kindelbacher
Einzeiler 50 Küche in Weiß rother's maßnahme

Küchen im Normalformat

Die kleine Schwarze 52 Küche aus Beton Margarete Weidinger Architektin
Heizkörperbild 56 Vorgefertigte Küche Holzbox ZT GmbH
Lichtdurchflutet 58 Küche mit Galerie Buchecker Architekten
Schlicht 62 Küche mit Ausblick InnenGestaltung Oßwald
Massiv schwebend 66 Küche in Nussbaum willi bruckbauer – küchenideen im werkhaus
Stilvoll in Stahl 68 Küche in einem Einraumhaus Früh Architekten

Große Küchen

Gestreckt 70 Wohnküche mit viel Platz Küchenkunst Kohl
Rheinblick 72 Küche in Aluminiumblech rother's maßnahme
Feuerstelle 76 Küche mit Kamin Bembé + Dellinger Architekten
Archetypisch 78 Küche in Granit Kambium
Sachlich-kühl 80 Inselküche in einem Wohnhaus landau + kindelbacher
Professionell 82 Küche in Zebrano InnenGestaltung Oßwald
Oberlicht 86 Küche in Eiche philip lutz

Extravagante Küchen

Klare Linie 88 Küche in einer Nische rother's maßnahme
Rollbar 92 Küche in Linoleum Bembè + Delllinger Architekten
Kubisch 96 Küche in Bambus Schlögl & Süß Architekten
Skulptural 100 Küche in Sichtbeton Bembé + Dellinger Architekten
Eleganter Aufschwung 102 Moderne Wohnküche Marco Glashagen Innenarchitekt
Gekantet und gefaltet 106 Küche mit Aussicht philip und annette lutz
Findling 110 Geschwungene Küche in Beton Lucia Wiedemann
Kontraste 112 Küche mit Terrasse willi bruckbauer – küchenideen im werkhaus

Opulente Küchen

Viel dahinter 114 Küche in Birnbaum Kambium
Glänzende Aussichten 116 Küche in Lack Bottega + Ehrhardt Architekten
In Spanien 120 Küche in einem Ferienhaus Wiedemann Werkstätten
Raum (fast) ohne Ende 124 Küche in Eiche und Beton Kambium
Hochwertig 128 Küche in Naturfarben Katja Reiter und Wiedemann Werkstätten
Geschwungen 132 Küche in einem Loft GRAFT

136 Entwicklungen und Trends
138 Ausgewählte Literatur
138 Hersteller
141 Planer und Gestalter
142 Ausführende Firmen
143 Fotografen
143 Abbildungsnachweis

Warum ein Buch über Küchen?

Häufig werde ich gefragt: Gibt es individuell geplante und gefertigte Küchen, die auf persönliche Bedürfnisse und aktuelle Entwicklungen eingehen, und wenn ja, welche Vorteile bieten sie gegenüber den Standards der Küchenindustrie?

Das vorliegende Buch zeigt anhand von ungewöhnlichen, formvollendeten und funktionellen Beispielen, dass es diese Küchen gibt, und dass der damit verbundene Planungsaufwand durchaus gerechtfertigt ist, handelt es sich bei der Küche doch um das Zentrum einer jeden Wohnung. In Bild, Grundrisszeichnung und Text werden die spezifischen Qualitäten jeder Küche beschrieben.

Ein neues Buch über Küchen zu machen, ist schon deshalb eine besondere Herausforderung, weil zu diesem Thema bereits zahlreiche Titel existieren. Neben den Katalogen namhafter Hersteller in Buchform gibt es eine Reihe von Büchern mit vielen Fotografien, die nach unterschiedlichsten stilistischen Kriterien zusammengefasst sind. Andere Veröffentlichungen betreiben Grundlagenforschung zu Geschichte und Entwicklung der modernen Küche. Darunter ragt – in neuer Auflage wieder erhältlich – »Die Küche zum Kochen« des Designers Otl Aicher heraus, der den Mehrwert einer Küche propagiert, die zur Arbeit und zum Aufenthalt gleichermaßen geeignet ist.
»Individuelle Küchen« zeigt an aktuellen Beispielen, wie Architekten, Designer und Schreiner diese theoretischen Überlegungen in die Praxis umsetzen und liefert Anregungen für Bauherren wie für Planer.

In allen Bereichen des Bauens hat es in den vergangenen Jahrzehnten verschiedene umwälzende, zum Teil rasante Entwicklungen gegeben, so auch bei den Küchen. Diese Fortschritte beruhen auf unterschiedlichen Faktoren: auf der intensiven Forschungs- und Entwicklungsarbeit der Küchenindustrie sowie der Material-, Halbzeug- und Beschlagshersteller, deren Innovationspotential immer noch nicht ausgeschöpft zu sein scheint. Den Materialien und

Oberflächen sowie dem Entwurf und der Planung ist jeweils ein eigenes Kapitel gewidmet. Auch auf einem anderen wesentlichen Sektor, dem der technischen Geräteausstattung von Küchen, findet ein kontinuierlicher Transfer von Wissen aus dem Bereich der professionellen Küchen in den privaten Haushalt statt. Eine Darstellung der aktuellen Entwicklungen auf diesem Gebiet findet sich im Kapitel »Technische Geräte und Ausstattung«, ergänzt durch eine Liste der am Markt tätigen Unternehmen im Anhang. Zudem hat sich die Bedeutung des Kochens zu Hause und damit die Bedeutung der Küche verändert; es wird wieder gerne und gut mit qualitätvollen Lebensmitteln gekocht. Dies ist nicht zuletzt eine Folge des allgemein gestiegenen Bewusstseins für Fragen der Umwelt und Ökologie, der eigenen Gesundheit und Wellness. Im Kapitel »Entwicklungen, Trends, Ausblicke« werden die Tendenzen in diesem Bereich erläutert.

Im industriellen Küchenbau gibt es neben der Standardküche heute die Tendenz zur so genannten Minimaldifferenzierung, also der »Individualisierung« dieser Standardküchen durch Normal-, Sonder- und Exklusivausstattung. Das vorliegende Buch zeigt, dass sich der Bauherr damit jedoch nicht zufrieden geben muss, sondern dass auch individuelle Einzel- oder Manufakturfertigungen mit ganz spezifischen Qualitäten möglich sind, die besonders auf den jeweiligen Raum und die Bedürfnisse des Nutzers zugeschnitten sind. Die ausgewählten Beispiele machen deutlich, dass ein sorgfältiger Entwurf, der eine kreative Auseinandersetzung mit dem Konzept, den Funktionen, dem Raum, insbesondere aber mit den Materialien und den Details erkennen lässt, die Voraussetzung für anspruchsvolle, individuelle Lösungen darstellt. Die gezeigten Küchen unterscheiden sich voneinander in dem Stellenwert, der ihnen im Gesamtkontext des Wohnens beigemessen wird. Ob Minimalküche, Wohnküche, Funktionsküche, eine zum Essraum offene Küche oder doch nur die Kochzeile im Wohnraum – dies sind Fragen, über die vor allen Dingen das individuelle Wohn- und Lebenskonzept des jeweiligen Nutzers entscheidet.

Vorab: Dreimal »Küche«

Der Begriff »Küche« steht für drei eng miteinander verknüpfte, aber dennoch verschiedene Themenkreise.

Produkte aus der Küche

Man spricht von »Küche« bei Erzeugnissen, die aus diesem Raum, einer Werkstatt zur Essenszubereitung, aus der Hand der hier tätigen Menschen stammen, also z. B. Italienische Küche, Schwäbische Küche, Nouvelle oder Grande Cuisine.

Küchen-Raum

Für Architekten und Innenarchitekten ist die »Küche« ein Raum, der im Kontext mit dem Wohnen bzw. der Gastronomie steht. Die Küche wird in ein architektonisches Konzept gleichberechtigt mit den anderen Räumen eingefügt oder diesem untergeordnet, je nachdem welchen Stellenwert ihr Bauherr und Architekt beimessen.

Objekt Küche

Für Schreiner, Küchenplaner, Designer, Innenarchitekten und Architekten handelt es sich bei der »Küche« um ein umfassendes und technisch anspruchsvolles Objekt des Möbel- und Innenausbaus, das in einen Raum bestmöglich eingefügt werden soll.

Feuer

Die Zubereitung von Speisen in der Küche ist untrennbar mit der Entdeckung und der daraus folgenden Nutzung des Feuers durch den Menschen verbunden. Küche, Herd und Backofen sind also gewissermaßen Überreste des Lagerfeuers. Da früher nur eine Feuerstelle im Haus vorhanden war, die gleichzeitig zur Heizung, Speisenzubereitung und als Lichtquelle diente, fand zumindest in der kalten Jahreszeit das Familienleben in diesem Raum statt, der dazu ausreichend groß dimensioniert sein musste. So war es möglich (und nötig), sich dort auch zu anderen Zwecken als nur zum Kochen aufzuhalten. Oft waren auch die Schlafplätze in diesem Raum untergebracht.

Herd

In seinen Ursprüngen war der Herd ein Gerät, das mit Holz oder Kohlen befeuert wurde und dafür einen Kamin benötigte. Da er sich nicht nur auf der Kochfläche, sondern auch ringsum erhitzte, musste er mit Abstand zum übrigen Mobiliar aufgestellt werden. Mit der Einführung von Gas im 19. und der Elektrizität im frühen 20. Jahrhundert entfiel einerseits der Kamin, zum anderen gelang es, die Hitzeentwicklung auf die Stellflächen der Töpfe zu reduzieren. Es entstanden die Vorläufer derjenigen Küchengeräte, die wir heute verwenden.

Damit war auch die Trennung von Heizen und Kochen angelegt, wie sie immer noch üblich ist. Mit der Entwicklung des modernen Küchenherds wurde eine entscheidende Kultivierung nicht nur der Küchenarbeit, sondern des Wohnens insgesamt begründet. War bis zu diesem Zeitpunkt die Küche eine Art Werkstatt vergleichbar mit der eines Schmiedes gewesen, so ermöglichte es nun der Herd, das Feuer und den entstehenden Rauch auf ein geringes Maß zu reduzieren und schließlich ganz aus der Küche zu eliminieren.

Dies war die Voraussetzung für die Entwicklung moderner Wohnungsgrundrisse, bei denen die Küche fast wie jeder andere Raum geplant und eingerichtet werden kann.

Wohnküche

Diese Form der Küche war (und ist) ein Relikt der oben beschriebenen frühen Wohnformen. Sie hat sich insbesondere bei Bauernhäusern über die Jahrhunderte erhalten. Die Wohnküche bot genügend Platz für die Kochstelle sowie einen Essplatz und besaß durch diese Mehrfachnutzung eine besondere Qualität. Sie ermöglichte es, die Hausarbeit mit dem Wohnen zu verbinden; das heißt, verschiedene Tätigkeiten, z.B. Kochen und die Beaufsichtigung der Kinder, konnten gleichzeitig von einer Person ausgeführt werden. Dem Tisch kam eine besondere Bedeutung zu, da er verschiedenste Beschäftigungen ermöglichte.

Die bürgerliche Küche

Die Wohnküche steht aus heutiger Sicht im Gegensatz zu den städtischen und bürgerlichen Wohnformen der Bürgerhäuser und Villenbauten des späten 19. und frühen 20. Jahrhunderts. In diesen wurden – die Lebens- und Wohnformen des Adels nachahmend – Dienstboten beschäftigt, die kochten und die Speisen servierten. Es gab separate Eingänge, getrennte Wohnräume, eine strikte Differenzierung der Tätigkeiten und daher getrennte Räume für die Zubereitung und den Verzehr von Speisen. In dieser Küchenform liegt der Ursprung der modernen Funktionsküche begründet.

Frankfurter Küche, 1926

Für die großen sozialen Bauvorhaben, die nach dem Ersten Weltkrieg notwendig waren, wurde nach neuen Alternativen zu den tradierten Mustern der Wohnküche und der bürgerlichen Küchen gesucht. So auch in Frankfurt: Ernst May, der Leiter des Hochbauamts der Stadt, hatte die junge österreichische Architektin Margarethe Schütte-Lihotzky im Rahmen des sozialen Wohnungsbauprogramms »Das neue Frankfurt« von Wien nach Frankfurt geholt und sie mit der Konzeption und Entwicklung einer normierbaren Funktionsküche betraut. Es gelang ihr, die Laufwege der Hausfrau und die Arbeitsabläufe beim Kochen zu optimieren, indem sie Arbeitsplatte, Herd, Spültrog und Aufbewahrungsmöbel zu einer Einheit zusammenfasste. Damit war die Zeilenküche geschaffen, die Grundlage für alle späteren Küchenkonzepte.

Zu der schnellen und weiten Verbreitung dieses Entwurfs trugen verschiedene Umstände bei. Die 1920er-Jahre waren geprägt von reformatorischen Gedanken. Die Ideen vom »Neuen Bauen«, »Neuen Wohnen«, »Neuen Haushalt«, ein neues Körperbewusstsein und eine neue Bewertung der sozialen Stellung der Frau erfüllten die Menschen. Ausstellungen und ganze Mustersiedlungen verbreiteten diese Ideen. Nachdem auch für das Frankfurter Wohnungsbauprogramm die verschiedensten Konzepte (Essküche, Wohnküche etc.) untersucht worden waren, gaben wirtschaftliche und arbeitsökonomische Gründe den Ausschlag für die Wahl der kleinen Küche, die als »Frankfurter Küche« Geschichte gemacht hat.

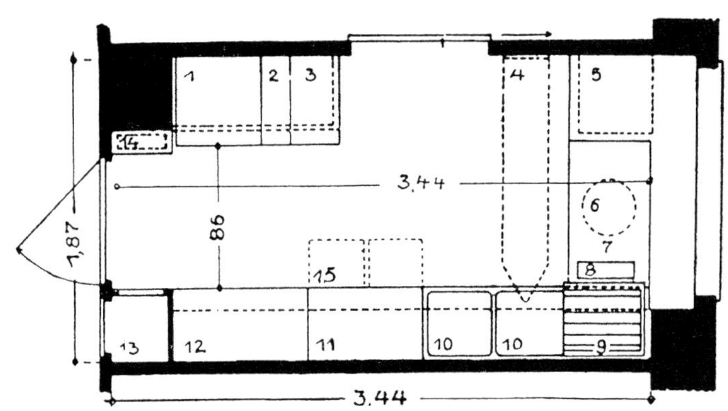

Die »Frankfurter Küche« bringt alle Funktionen auf minimalem Raum unter und optimiert so die Laufwege bei der Küchenarbeit. Selbst ein herunterklappbares Bügelbrett ist vorgesehen (gestrichelt dargestellt).

Bei der »Münchner Küche« trennt lediglich eine transparente Glaswand Küche und Essplatz, sodass die Räume optisch größer wirken.

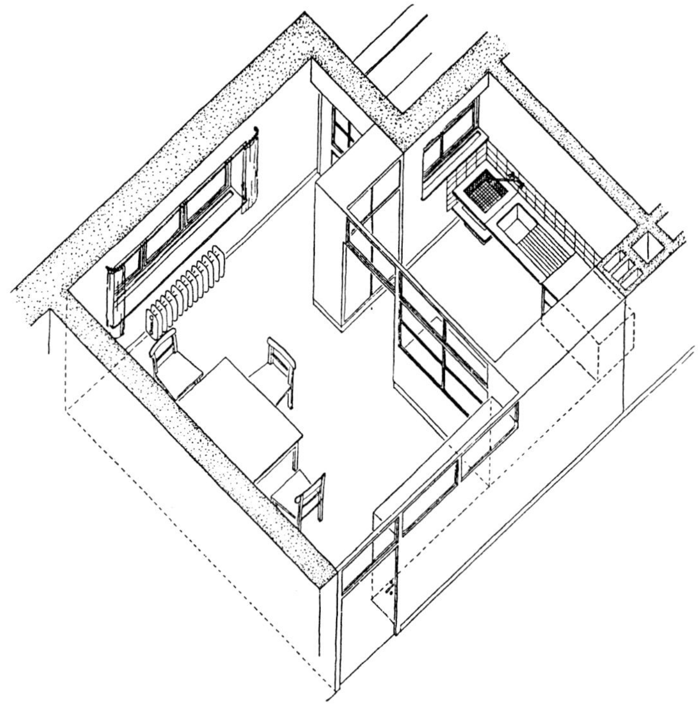

Stuttgarter Kleinküche, 1927

Besonders die Werkbundsiedlungen, allen voran die Stuttgarter Weißenhofsiedlung von 1927, hatten als groß angelegte Ausstellungen für ein breites Publikum einen nicht unerheblichen Anteil an der Verbreitung der neuen Denkweise. In der Hallenschau, die das Begleitprogramm zu der Ausstellung auf dem Stuttgarter Killesberg darstellte, bekam die Münchner Volkswirtschaftlerin Erna Meyer Gelegenheit, ihre Vorstellungen, die sie in ihrem 1926 erschienenen Buch »Der neue Haushalt« entwickelt hatte, mit einer Musterküche – eben der »Stuttgarter Kleinküche« – einem breiten Publikum vorzustellen. Dieser Ansatz zeichnete sich durch sein variables Mobiliar aus, das auf sehr pragmatische Weise die Ideen vom »Neuen Wohnen« und die technischen Möglichkeiten der damaligen Zeit mit den Vorgaben des sozialen Wohnungsbaus verband.

Auch für Architekten jener Zeit, darunter so namhafte wie Le Corbusier, Ludwig Mies van der Rohe, J. J. P. Oud und Paul Schmitthenner, war der Entwurf »ihrer« Küche ein wichtiges Thema. Sie versuchten in den von ihnen entworfenen Häusern auf der Suche nach zeitgemäßen Wohnformen prototypisch ihre jeweiligen Vorstellungen zum Thema Küche umzusetzen. Aus diesen Experimenten, die einerseits aus den großen sozialen Bauaufgaben, andererseits aus den Villen-Projekten jener Zeit hervorgingen, kamen viele Impulse, die von den Küchenherstellern in den folgenden Jahren aufgegriffen wurden.

Münchner Küche, 1928

Die radikale Konsequenz des Frankfurter Konzepts fand selbst bei den Reformern nicht nur Beifall. Bedeutendster Einwand seitens der Kritik war das ungelöste Problem der Beaufsichtigung der Kinder durch die Mutter während des Kochens.

Das Konzept eines eigenen Raums für Hausarbeit, Kochen, Essen und zum Beaufsichtigen der Kinder fand seine am weitesten entwickelte Form in der »Münchner Küche«. Es handelt sich dabei um eine so genannte Essküche, da bei diesem Modell einer funktionalen Küche der Raum zur Speisenzubereitung vom Essraum wie ein Werkstattbüro durch eine verglaste Wand abgetrennt war, sodass die Emissionen des Kochens nicht die gesamte Wohnung erreichten. Die Arbeit der Hausfrau war nicht in einen Nebenraum abgeschoben und der Kontakt durch Blick und Zuruf jederzeit möglich. Beide Räume wirkten größer, da sie visuell eine Einheit bildeten. »Münchner Küche« heißt dieses Modell, da es bei Sozialbauten für eine Versuchssiedlung der Baugenossenschaft des Bayerischen Post- und Telegraphenverbands München von dem Architekten Walther Schmidt umgesetzt wurde.

Die entscheidenden Impulse zu dem Entwurf kamen von Erna Meyer und der Architektin Hanna Loev. Dass sich dieses Konzept nicht durchsetzen konnte, liegt möglicherweise an der allzu technischen Wirkung der gläsernen Trennwand oder an dem Mehrbedarf an Fläche gegenüber der »Frankfurter Küche«.

Einbauküche, »Schwedenküche«

Diese Entwicklungen und Reformen erfuhren in Mitteleuropa durch den Zweiten Weltkrieg eine massive Unterbrechung, sofern sie nicht ganz beendet oder sogar zurückgenommen wurden. Als unter den Bedingungen des Wiederaufbaus die reine Deckung von Bedürfnissen oberste Priorität hatte, entwickelte sich aus der »Frankfurter Küche« die Einbauküche für sparsame und beengte Grundrisse.

Bei diesem Modell, das auch als Schwedenküche bezeichnet wurde, waren – anders als bei den Vorgängerentwürfen – sämtliche Geräte, also auch Herd und Kühlschrank, in die Küchenzeilen integriert. Die Entwicklung hin zu einer vereinheitlichten Kücheneinrichtung fand damit ihre endgültige Form und stellt seitdem den Standardtypus von Küchen dar.

Futuristische Visionen und Pop-Art

Ende der 1960er-Jahre erreichten diese Entwicklungen ihren Höhepunkt mit futuristischen Entwürfen wie der »Kugelküche«, die der Designer Luigi Colani 1970 gemeinsam mit der Firma Poggenpohl auf der Kölner Möbelmesse präsentierte, oder dem Modell »Technovision« des Schweizers Hasso Gehrmann. Seine Studie einer vollautomatisierten Kochinsel mitten im Wohnraum sorgte in den frühen 1970er-Jahren auf verschiedenen Ausstellungen für Aufsehen.

Diese Modelle fügten sich gut in eine gesamtgesellschaftliche Situation, die geprägt war von dem Vertrauen in technische Machbarkeiten, hatte doch 1969 der erste Mensch den Mond betreten. Sie signalisierten zugleich den Wendepunkt von der Minimalisierung der Küche – Colanis Entwurf blieb Prototyp – hin zu größeren Küchengrundrissen und den damit möglichen, neuen Konzepten. Ausschlaggebend für diese Entwicklung war in Deutschland das so genannte Wirtschaftswunder der Nachkriegszeit, da mit zunehmendem Wohlstand die Wohnungsgrundrisse wieder größer wurden und das eigene Haus zum Lebensziel vieler Menschen gehörte. Außerdem hatte sich das Lebensgefühl verändert: man gönnte sich wieder etwas. Infolge der geringeren Einschränkungen hinsichtlich Fläche, Kosten und Materialien konnten die Designer in den Entwicklungsabteilungen der Küchenfirmen ihre Ideen freier umsetzen.

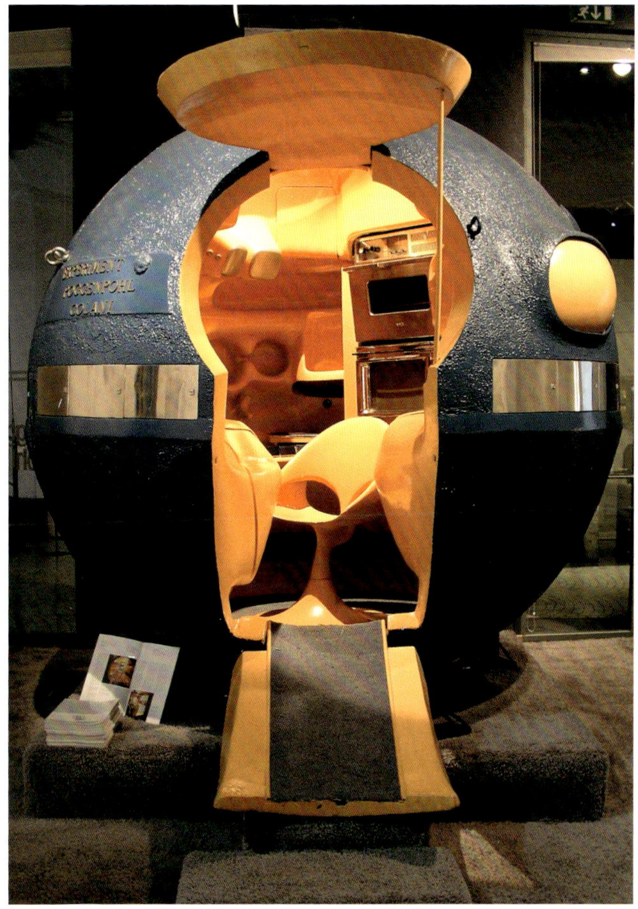

Das »Experiment 70« von Luigi Colani und der Firma Poggenpohl, auch als »Kugelküche« bekannt, markiert den Höhe- und zugleich den Endpunkt futuristischer Küchenkonzepte der 1960er-Jahre.

Bei dieser puristischen Küchenwerkbank der Firma bulthaup aus dem Jahr 1988 ist die Ausstattung im Sinne Otl Aichers auf ein Minimum reduziert.

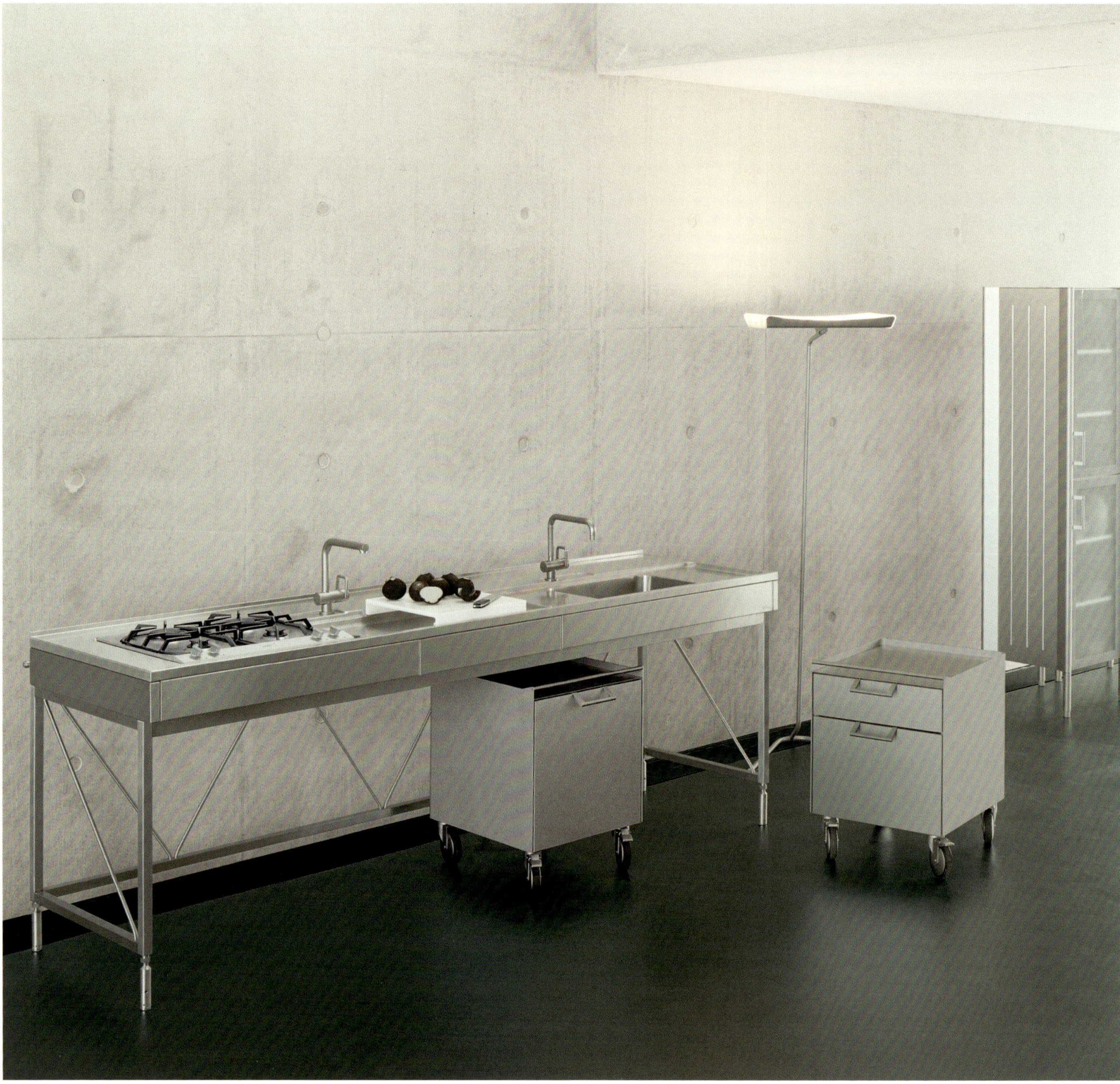

Werkstattküche

Grundsätzliche Betrachtungen zum Thema Küche formulierte Anfang der 1980er-Jahre der Designer Otl Aicher, der im Auftrag der Firma bulthaup eine Untersuchung durchführte. Er publizierte sie unter dem Titel »Die Küche zum Kochen«. Der Mitbegründer der Ulmer Hochschule für Gestaltung hatte sich ausbedungen, »alles in Frage stellen zu dürfen«. So begann er, alle Elemente der Küche zu hinterfragen, von den Arbeitsabläufen bis hin zu den Nahrungsmitteln, vom Handwerkszeug über die Küchengeräte bis zum Raum selbst.

Wieder fiel ein programmatischer Ansatz mit politisch-reformatorischen Ansätzen zusammen, dieses Mal war es die Ökologie- und Anti-Atomkraftbewegung. Das Vertrauen in Technologien und ihre Folgen war durch Versorgungskrisen (Erdöl), Umweltskandale und später die Katastrophe von Tschernobyl erschüttert worden. Breit angelegte Studien schufen die theoretischen Grundlagen für die nun einsetzenden Entwicklungen. In der Folge entstanden z. B. Lehrstühle zur Technologiefolgenabschätzung, ein starkes Indiz für den Paradigmenwechsel von einer kritiklosen, fortschrittsorientierten zu einer nachdenklichen Haltung. Ein wesentlicher Teil dieser Veränderungen war die Emanzipation der Frau und ihre Gleichberechtigung in den westlichen Gesellschaften. Daraus resultierte eine Rückbesinnung auf Werte, die zwischenzeitlich in den Hintergrund geraten waren. Selbst zu kochen wurde wieder ein Thema, diesmal auch für Männer. Der höhere Technisierungsgrad von Küchengeräten einerseits und der Typ der Werkstattküche andererseits hängen eng mit dieser Entwicklung zusammen. Offen sichtbares Gerät, eine Kochinsel im Zentrum der Küche und ein neues Verständnis vom Kochen, das dieses nicht als Notwendigkeit, sondern als sinnliche Erfahrung begreift, stehen für die Werkstattküche.

Vor diesem Hintergrund haben sich die aktuellen Küchenkonzepte für gewachsene Ansprüche auf gestiegenem Wohlstandsniveau in einer großen Vielfalt entwickelt. Je nach Wohn- und Lebenskonzept der Nutzer gibt es die Minimal- oder Wohnküche, die Funktions- oder die zum Essraum offene Küche oder auch nur eine einzelne, frei stehende Kochzeile im Wohnraum. Das freie Kombinieren unterschiedlicher Bausteine stellt heute die am weitesten verbreitete Entwicklung der Kücheneinrichtung dar, da sie pragmatisch und flexibel ist und sich schnell an sich verändernde Wohnverhältnisse anpassen lässt.

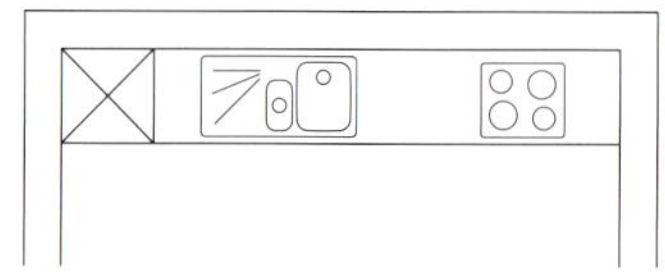

Die Einzeilenküche kann offen im Wohnraum angeordnet oder hinter einer Faltwand verborgen sein. Bei dieser Kombination müssen bestimmte Wege öfter zurückgelegt werden.

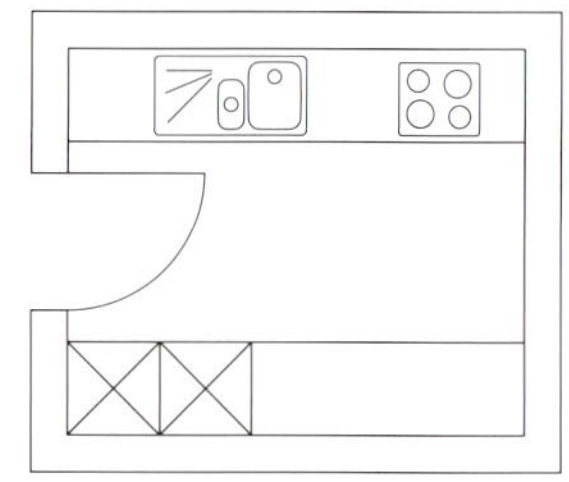

Bei der Zweizeilenküche sind die Wege kurz, und es gibt keine aufwändig auszuführenden Ecksituationen. Zwei Arbeitsplätze können gegenüber angeordnet werden, sodass man mit einer Körperdrehung von der einen Fläche zur anderen gelangt.

Auf den ersten Blick scheint das Planen bzw. Entwerfen einer Küche eine einfache Angelegenheit zu sein. In der Regel steht ein Raum mit begrenzter Fläche zur Verfügung, für den es ein klar definiertes Programm gibt, das die grundlegenden Funktionen einer Küche erfüllen muss: Bevorraten, Vorbereiten, Zubereiten und Aufräumen. Die Erfassung aller relevanten Daten als Arbeitsgrundlage kann von jedem Küchenstudio erbracht werden.

Der Entwurf hingegen, also die Umsetzung der Planungsdaten in eine individuelle Küche hinsichtlich Form, Material, Farbe und auszuführende Details, ist eine komplexe Aufgabe. Dies zeigt sich schon an der Zahl der unter Umständen beteiligten Fachfirmen, die der Planer zu koordinieren hat: Tischler, Küchenhersteller, Gerätelieferanten, Elektriker, Fliesenleger, Maler, Heizungs- und Sanitärinstallateur, Glaser, Betonbauer, Schlosser und Steinmetz. In dieser Komplexität liegen jedoch auch die Chancen für ganzheitliche Raumlösungen, für Unikate, die genau auf die Bedürfnisse des Nutzers zugeschnitten sind. Für jeden einzelnen Fall, jede besondere Situation kann eine spezifische Lösung gefunden werden, man kann mit neuen Materialien experimentieren oder

Das Arbeitsdreieck zeigt die Anordnung von Kochstelle, Kühlschrank und Spüle. In jeder Küche sind kurze Wege durch die richtige Organisation der Arbeitsstellen möglich.

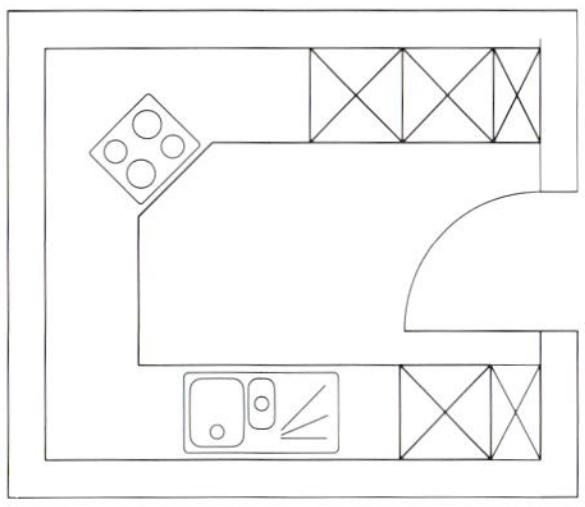

Die U-förmige Küche ist eine effiziente Lösung. Die Distanzen sollten so dimensioniert sein, dass nur eine Körperdrehung und wenige Schritte notwendig sind, um alle Einrichtungsgegenstände und Geräte zu erreichen.

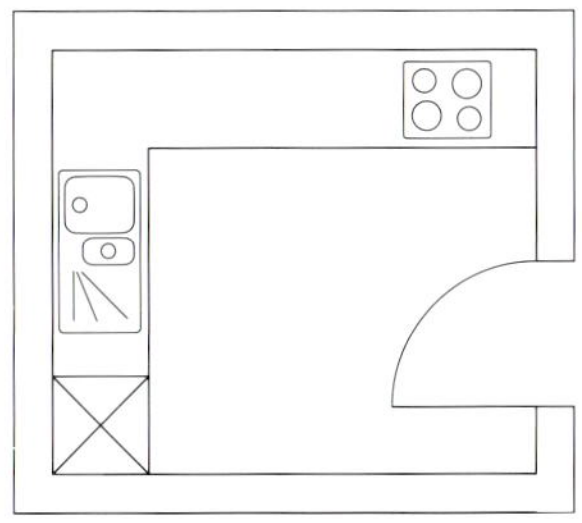

Die winkelförmig angeordnete Küche lässt Raum für einen Ess- und Arbeitsplatz mit Tisch und Stühlen, sodass manche Tätigkeiten auch im Sitzen erledigt werden können.

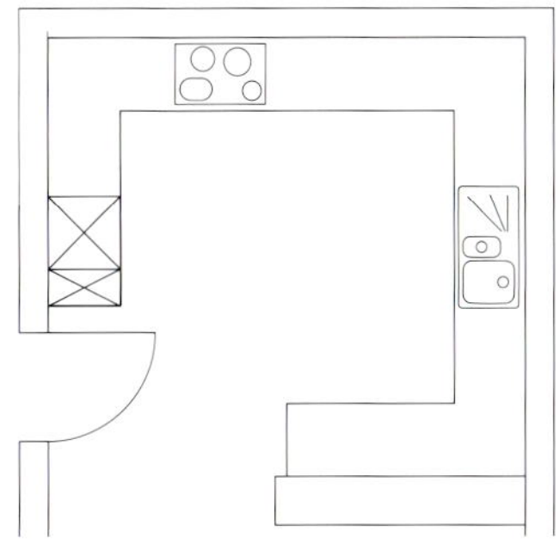

Die G-förmige Küche lässt sich gut mit einer Durchreiche oder Theke zum Essplatz kombinieren. Dadurch rückt die Küche akustisch und visuell näher an den Wohn- bzw. Essbereich.

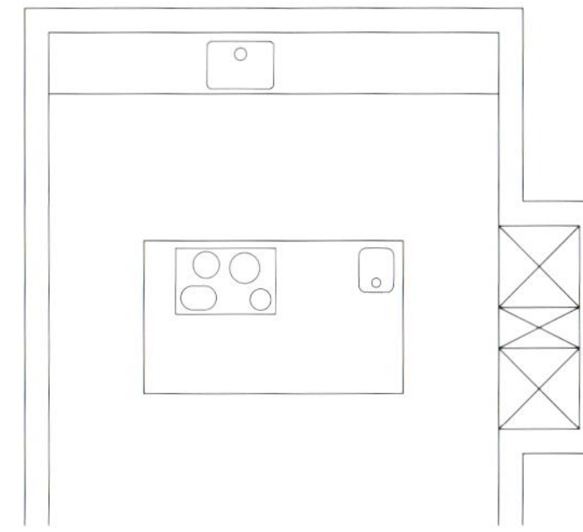

An der frei stehenden Inselküche können mehrere Personen gleichzeitig kochen; kocht nur eine Person, kann sie sich bei der Arbeit mit den Gästen unterhalten.

Entwicklungen aus anderen technischen Gebieten transferieren. Eine von zwei unterschiedlichen Ausgangspositionen steht am Anfang einer jeden Küchenplanung: entweder wird die Küche im Rahmen eines Neubaus mit der dazugehörigen Einrichtung von Grund auf neu konzipiert. Oder aber der Raum ist bereits vorhanden, und die Planung muss die Einrichtung den Gegebenheiten anpassen. Im ersten Fall kann der Architekt den Grundriss, die Verteilung von Fensterflächen, künstlicher Beleuchtung und evtl. sogar die Inneneinrichtung planen. Er kann die Küche im Zusammenhang mit dem räumlichen Gesamtkonzept einer Wohnung oder eines Hauses entwerfen, gegebenenfalls eine Speisekammer zuordnen, einen direkten Bezug zum Ess- und Wohnbereich herstellen und die Belichtungssituation beeinflussen.

Im Fall eines bereits bestehenden Raums hat der Küchenplaner – sei es der (Innen-)Architekt, der Tischler oder das Küchenstudio – in der Regel nur eingeschränkte Möglichkeiten. Aber auch unter diesen Bedingungen können individuell geplante, kreative und intelligente Lösungen entstehen, die die Gegebenheiten einbeziehen.

Raumkonzepte und Küchentypen

Obwohl die Grundfunktionen in jeder Küche dieselben sind, gibt es eine Reihe von Varianten hinsichtlich Grundriss und Anordnung der Möblierung. Da ist zunächst die räumliche Konzeption: die Küche als separater Raum, als Zeile, als offene Küche zu Ess- und Wohnbereich oder als Wohnküche. Bei der Entscheidung für das eine oder andere Konzept spielt es eine große Rolle, ob zusätzliche Nebenräume zur Verfügung stehen.

Die Organisation des Grundrisses führt dann zu den Küchentypen: Einfronten- bzw. Einzeilenküche, Zweizeilenküche, winkel- bzw. L-förmige Küche, U-förmige Küche, G-förmige Küche und die Inselküche. Der Grundriss entscheidet zum einen über die räumliche Qualität, zum anderen über die ergonomisch sinnvolle Zuordnung aller Geräte und Tätigkeiten, um die Laufwege innerhalb der Küche zu optimieren. Dazu sollen die Kochstelle, der Kühlschrank und die Spüle möglichst im so genannten Arbeitsdreieck angeordnet werden. Dieser Begriff wurde von Ergonomen in den 1950er-Jahren geprägt und hat bis heute seine Gültigkeit behalten.

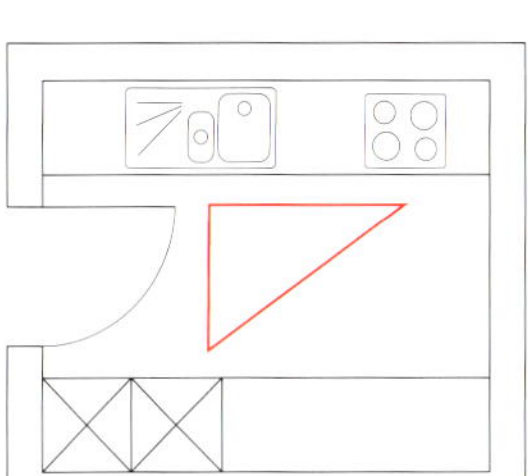

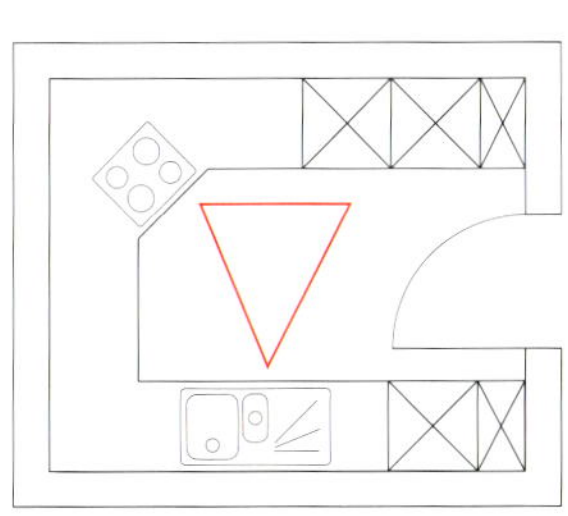

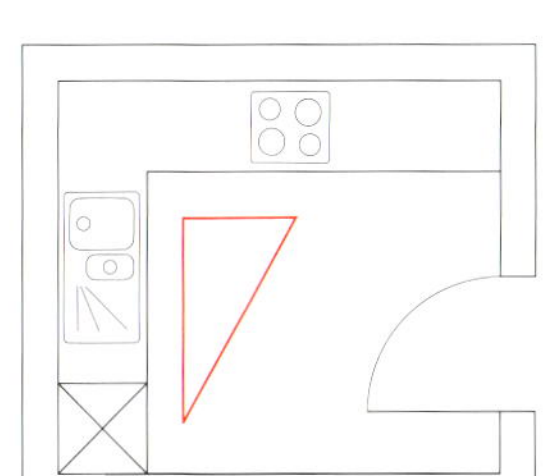

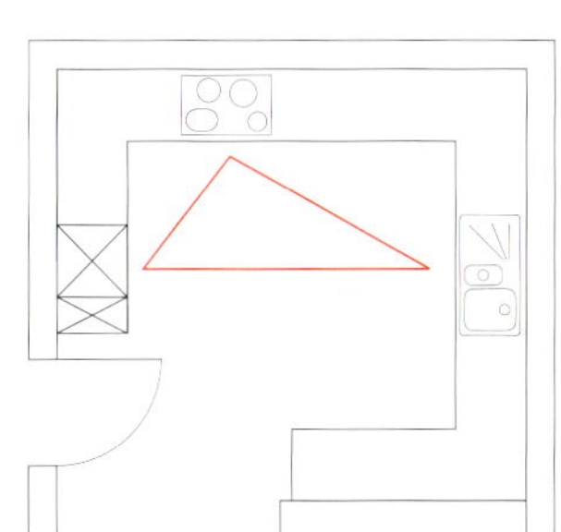

Ergonomie und Küchenmöbel

Die Ergonomie stellt einen wichtigen Gesichtspunkt bei der Küchenplanung dar. Sie befasst sich mit dem praktischen Gebrauch der Dinge. Produkte sollen komfortabel zu nutzen sein und den Menschen vor körperlichen Schäden schützen. Für keinen anderen Raum im privaten Bereich gibt es so viele Normen und Empfehlungen wie für die Küche.

Die Tiefe von Arbeitsplatten ist in Deutschland auf 60 cm festgelegt, damit Einbaugeräte passgenau darunter montiert werden können. Die Standardhöhe von Arbeitsflächen wurde vor einigen Jahren von 86 cm auf 90 cm abgeändert, um sie der gestiegenen durchschnittlichen Körpergröße anzupassen. Ein solches Standardmaß berücksichtigt jedoch nicht besonders große bzw. kleine Menschen.

Bei einer individuellen Planung sollte deshalb die folgende Empfehlung angewendet werden: Die optimale Höhe der Arbeitsfläche liegt 10 cm unter dem abgewinkelten Unterarm. Leben in einem Haushalt unterschiedlich große Menschen oder auch Rollstuhlfahrer, sollten höhenverstellbare Arbeitsflächen – zumindest in Teilbereichen – eingeplant werden. Insbesondere bei Küchen für Senioren ist dies eine empfehlenswerte Lösung, da an solchen Arbeitsflächen auch im Sitzen gearbeitet werden kann. Die Kochflächen sollten niedriger als die Arbeitsplatte, die Spüle hingegen so hoch angesetzt sein, dass sich der Boden des Spülbeckens etwa auf der Höhe der Arbeitsfläche befindet, um das Arbeiten in Pfannen und Töpfen bzw. das Untertauchen von Geschirr im Spülwasser zu erleichtern.

Oberschränke sollten nur so hoch ausgeführt sein, dass der sichere und bequeme Zugriff auf die Gegenstände darin noch gewährleistet ist (Oberkante max. 1,80 bis 2,00 m). Für höhere Schränke kann man ein elektrisches Liftsystem verwenden, mit dessen Hilfe die Oberschränke abgesenkt werden. Diese Systeme können auch eingesetzt werden, um – aus ästhetischen Gründen – ein einheitliches Niveau von höhenverstellbaren Arbeitsflächen zu erhalten. Für alle Menschen spielt die Bequemlichkeit mit zunehmendem Alter eine bedeutende Rolle. Vollauszüge anstelle von Türen und Fachböden erleichtern den Zugriff zu Unterschränken und in die hinten liegende Bereiche. Durch Oberschränke mit Jalousien oder vertikalen Klappen können Unfälle vermieden werden, da sie nicht in den Bewegungsraum hineinragen. Auf Aug- bzw. Greifhöhe eingebaute Spülmaschinen, Kühlschränke, Backöfen und Mikrowellengeräte erleichtern das Ein- und Ausräumen bzw. den Zugriff.

Stauraum

Die Frage nach dem richtigen Maß an Stauraum ist schwer zu beantworten, da sie zum einen an die Anzahl der in einem Haushalt lebenden Personen geknüpft ist, andererseits an die vorhandene Menge an Geschirr und Gerätschaften. Da allerdings viele Menschen nach dem Kauf einer neuen Küche feststellen, dass ihnen Stauraum fehlt, liegt die Vermutung nahe, dass viele Küchen entweder von vorneherein zu klein sind oder aber vor dem Kauf häufig keine sorgfältige Bedarfsermittlung stattfindet. Daher sollte man sich vor dem Entscheid für eine Küche genau mit dem eigenen Raumbedarf auseinandersetzen, den Ist-Bestand ermitteln und daraus den Soll-Bestand errechnen.

Belichtung und Beleuchtung

Ausreichendes und gezielt eingesetztes Tageslicht lässt jeden Raum größer und angenehmer erscheinen. Dies sollte bei jeder Küchenplanung von Anfang an berücksichtigt werden. Zusätzlich ist in Küchen der Einsatz von künstlichem Licht erforderlich. Um gute Voraussetzungen für das Arbeiten in der Küche zu schaffen, sollten für Tageslicht ebenso wie für die künstliche Beleuchtung die gleichen Kriterien wie für einen Arbeitsplatz herangezogen werden.

Das Beleuchtungsniveau, also die Helligkeit, muss so hoch sein, dass alle Sehaufgaben ermüdungsfrei erledigt werden können. Die Blendung muss begrenzt werden, sodass ein störungsfreies Sehen ohne Direkt- und Reflexblendung möglich ist. Diese beiden Faktoren bestimmen die Sehleistung.

Für ausgewogene Lichtverhältnisse und ein angenehmes Raumgefühl sorgt eine sorgfältig abgestimmte Beleuchtung: Eine Mischung aus Tageslicht sowie direktem und indirektem künstlichen Licht erhellt den Raum und inszeniert ihn zugleich.

Die Helligkeitsverteilung soll harmonisch sein, das heißt, unterschiedliche Leuchtdichten sollen in einem ausgewogenen Verhältnis zueinander stehen (Schattenzonen nicht zu dunkel, Lichtinseln nicht zu hell). Die Lichtfarbe beeinflusst die Raumstimmung und die Farbwiedergabe, also das fehlerfreie Erkennen von Farben. Diese beiden Kriterien bestimmen den so genannten Sehkomfort und wie wir uns bei künstlicher Beleuchtung in diesem Raum fühlen. Die Lichtrichtung und die Schattigkeit ermöglichen das Erkennen von Körperlichkeit und Oberflächenstrukturen. Diese beiden Kriterien bestimmen zusammen mit der Lichtfarbe das »visuelle Ambiente«, also das Erleben des beleuchteten Raums.

Die aufgeführten Punkte verdeutlichen die Komplexität des Küchenentwurfs und zeigen, warum Kreativität, Fachwissen, Erfahrung und Sorgfalt in der Person des Planers vereint sein müssen, um zu außergewöhnlichen Lösungen zu kommen, von denen der Nutzer lange profitieren kann.

Die wissenschaftlichen, technischen, wirtschaftlichen, kulturellen und ökologischen Entwicklungen der vergangenen Jahrhunderte haben die Voraussetzungen dafür geschaffen, dass uns heute eine große Vielfalt an Materialien und Werkstoffen zur Verfügung steht. Die Oberfläche schützt das Material und stellt sicher, dass die darunter liegenden Schichten ihre Funktionen uneingeschränkt erfüllen können. In einer Küche ist mit vielen Einwirkungen zu rechnen, denen die Oberfläche widerstehen muss – Hitze, Feuchtigkeit, Schlag oder Schnitt, färbende oder ätzende Substanzen –, gleichzeitig soll sie pflegeleicht sein und immer wie neu aussehen.
Die Wahl geeigneter Materialien und Oberflächen sowie deren fachgerechte Be- und Verarbeitung sind entscheidend für die Funktionalität einer Küche, ihre Alltagstauglichkeit und Lebensdauer.

Vollholz (Massivholz)

Im Küchenbau wird Vollholz für Fronten, Auszüge und Arbeitsplatten verwendet. Seine Verarbeitung erfordert besondere Fachkenntnis, da gewachsenes Holz durch wechselnde Umgebungstemperatur und Luftfeuchtigkeit quillt und schwindet. Vollholzkonstruktionen müssen dieser Eigenschaften Rechnung tragen und sind daher relativ aufwändig zu erstellen. Dafür ist das Material langlebig und besonders hochwertig.
Heute sind bei uns viele Holzarten von allen Kontinenten in jeder Farbe und Struktur erhältlich, sodass auch ausgefallene Wünsche erfüllt werden können. Allerdings ist es – trotz verschiedener Gütesiegel – für den Verarbeiter wie für den Endverbraucher schwer, zweifelsfrei zu entscheiden, ob Überseeimporte aus Raubbau oder nachhaltiger Holzwirtschaft stammen. Wer seine Massivholzküche mit gutem ökologischen Gewissen bauen (lassen) möchte, sollte deshalb auf europäische Edelhölzer zurückgreifen, die ebenfalls in großer Auswahl erhältlich sind: Ahorn oder Erle, Birn-, Kirsch- oder Nussbaum, Esche oder Eiche, Kernbuche oder Platane, Rüster oder Robinie.

Ganzflächig mit einem Bildmotiv bedruckte Front aus melaminbeschichtetem Holzwerkstoff. Auch Glas, Acryl, Metall und massives Holz sind bedruckbar.

Für die Oberflächenbehandlung von Hölzern kommen unterschiedliche Materialien zum Einsatz, die sich in ihrer chemischen Struktur und im Aussehen deutlich voneinander unterscheiden: Lacke, Öle, Wachse und Kombinationsprodukte aus Ölen und Wachsen.

Lacke bilden eine dichte Schutzschicht auf der Holzoberfläche, um das Eindringen von Feuchtigkeit, Staub und Flüssigkeiten zu verhindern. Diese Schicht kann in unterschiedlichen Glanzgraden von matt, seidenmatt, glänzend bis hochglänzend poliert ausgeführt werden. Die Farbe und die Struktur des Holzes wird mit zunehmendem Glanz betont. Alternativ bieten viele Hersteller Öle, Wachse und Kombinationsprodukte an, die einen offenporigen Oberflächenschutz darstellen.

Holzwerkstoffe

Unter Holzwerkstoffen versteht man sowohl vorfabrizierte Platten aus Vollholz als auch Furnier-, Span- und Faserplatten. Letztere wurden ursprünglich für den Bau von Korpussen, Rückwänden und als preisgünstiges Trägermaterial für Dekorschichten entwickelt. Heute finden sie auch Anwendung für Fronten. Die Herstellungskosten der Platten niedrig, da sie in großen Mengen industriell gefertigt werden. Darüber hinaus sind Holzwerkstoffe ökologisch sinnvoll, da sie das Holz eines Baumes zu mehr als 80 Prozent zu nutzen. Plattenmaterialien verfügen gegenüber massivem Holz über einige Vorteile: Sie sind maßhaltig und ermöglichen die Herstellung besonders großer und ebener Flächen. Dadurch eignen sich Furnier-, Span- und Faserplatten hervorragend als Trägermaterial für Beschichtungen wie Linoleum, Lack oder Schichtstoff.

Vollholzplatten Vorfabrizierte Halbzeuge aus Vollholz wie Dreischicht-, Stab- oder Lamellenplatten erleichtern den Einsatz von massivem Holz. Einzelne, bei uns neue Holzarten wie Bambus sind aufgrund ihrer Struktur nur in dieser Form zu verarbeiten. Die streifige Oberfläche der aneinander gefügten Lamellen trägt zu einer eigenen ästhetischen Erscheinung bei. Vollholzplatten nutzen die zur Verfügung stehenden Ressourcen effizient aus und schonen auf diese Weise die Umwelt. Darüber hinaus werden durch das Auftrennen und anschließende Zusammenfügen der Hölzer wuchsbedingte Spannungen weitgehend unwirksam, was die weitere Verarbeitung erheblich vereinfacht.

Furnierplatten bestehen aus Schichten von einzelnen Furnieren, die miteinander verleimt werden. Zur Herstellung der Furniere werden Baumstämme geschält (ähnlich wie ein Bleistift im Spitzer). Es entstehen so genannte Schälfurniere. In der Regel werden diese »gesperrt«, das heißt, kreuzweise miteinander verleimt, sodass die einzelnen Holzlagen am Arbeiten gehindert werden. Nur bei gekrümmten Bauteilen (Formverleimungen) werden alle Furnierlagen mit demselben Faserverlauf ausgerichtet.

Für die Herstellung von Span- und Faserplatten (MDF: mitteldichte Faserplatte, HDF: hochdichte Faserplatte) wird der Rohstoff Holz in feine Bestandteile zerkleinert, die mit Wasser und Leimen zu einer formbaren Masse gemischt und anschließend zu Platten verpresst werden. Mit der Auflösung des natürlichen Faserverbunds verschwinden zwei Eigenschaften des Holzes: zum einen die aufwändig zu beherrschende »Lebendigkeit«, das heißt,

Holzvariationen – Massives Holz, Vollholzplatten und Furnier in unterschiedlichen Farben und Strukturen (Bambusstabplatte, Birnbaum, Eiche und Nussbaum massiv, Zebranofurnier)

Verschiedene Natursteinarten für den Küchenbau – Grauwacke (oben links), Kalkstein (oben rechts), unterschiedliche Granitsorten

das Schwinden und Verziehen, zum anderen die natürliche Festigkeit und Stabilität.
Entscheidend für die Qualität aller Platten sind neben dem Ausgangsmaterial Holz vor allen Dingen die verwendeten Leime und Kleber. Je nach Zusammensetzung eignen sie sich für unterschiedliche Anwendungen – außen oder innen, Nass- oder Trockenbereiche.

Naturstein

Naturstein ist eines der bei Architekten, Bildhauern und Designern beliebtesten Materialien, denn Stein ist »echt«, also direkt und ohne zusätzliche Oberflächenbehandlung einsetzbar. Eine hohe Druckfestigkeit, eine hochbelastbare Oberfläche, die Unverwüstlichkeit und die Patina, die das Material im Lauf der Zeit ansetzt, machen Naturstein zu einem Baustoff, der sich hervorragend für Arbeitsflächen, Boden- und Wandbeläge von Küchen eignet.
Im Küchenbau konnten sich diejenigen Steinarten etablieren, die diese Eigenschaften in besonders hohem Maße aufweisen und in ausreichender Menge und erforderlicher Größe gewonnen werden können, wie Granite, Sand- und Kalksteine sowie Schiefer. Entstehungsgeschichtlich werden drei Gruppen von Gesteinsarten unterschieden: Magmatite, Sedimentgesteine und Metamorphite.
Magmagesteine bzw. Tiefengesteine sind aus flüssigem Magma entstanden, als dieses entweder im Erdinnern langsam abgekühlt (»Plutonite« wie Granit, Gabbro und Diorit) oder beim Austritt an die Erdoberfläche erstarrt ist (»Vulkanite« wie Andesit, Basalt und Rhyolith).
Granit, Gabbro und Diorit sind in vielen Farben von Schwarz bis Weiß erhältlich sind. Die kristallinen Strukturen und vielfältigen Farbnuancen sind in der Küche von Vorteil, da kleinere Verschmutzungen kaum wahrnehmbar sind.
Zu der Gruppe der Sedimentgesteine gehören alle Gesteine, die aus Erosionsablagerungen vor allem in Gewässern entstanden sind, meist eine geschichtete Struktur haben und oft fossile Einschlüsse enthalten. Sandsteine und Kalkgesteine gehören zu dieser Gruppe. In den vergangenen Jahren ist Grauwacke, ein in Deutschland heimischer Sandstein, für die Anwendung im Küchenbau entdeckt worden.
Schließlich gibt es noch die Metamorphite, so genannte Umformungs- oder Umprägungsgesteine, die unter großem Druck und hohen Temperaturen aus anderen Gesteinen hervorgegangen sind. Marmor, Gneis und Schiefer zählen zu dieser Gruppe. Kennzeichen dieser Gesteinsart ist ihre Schieferung, also eine relativ parallele Ausrichtung der Struktur.
Die Oberflächenbearbeitung von Naturstein erfolgt rein mechanisch durch Sägen, Spalten, Behauen, Schleifen und Polieren.

Dadurch entstehen unterschiedliche Glanzgrade je nach Anwendungsart und Wunsch, von spaltrau über grob behauen und matt geschliffen bis zu hochglänzend poliert. Allerdings ist nicht jede Art der Oberflächenbehandlung bei jeder Steinart möglich, so lässt sich beispielsweise Schiefer nicht polieren.

Kunststein (Mineral- und Harzwerkstoffe)

Bei der Gewinnung von Naturstein in Steinbrüchen fallen große Mengen Gesteinsmehl an. Dieses mineralische Material wird in unterschiedlichen Körnungen als Zuschlag mit Bindemitteln vermischt und zu Werkstein verpresst. Ursprünglich wurde nur Zement als Bindemittel verwendet (Terrazzo), später kamen künstliche Harze (Acryl, Epoxid, Polyester) dazu.
Aus diesen Kunstharzen und dem Füllstoff Aluminiumtrihydroxid werden heute die so genannten Mineralwerkstoffe hergestellt (Produktbezeichnungen z.B. *DuPont™ Corian®* und *LG Himacs®).* Wie alle künstlich produzierten Materialien können Mineralwerkstoffe nahezu beliebig eingefärbt werden, im Küchenbau wurden sie für Arbeitsplatten, Wand- und Bodenbeläge verwendet. Allerdings hat sich im Verlauf der Jahre gezeigt, dass sie nur eine eingeschränkte Hitzebeständigkeit aufweisen. Aufgrund dieser Tatsache ist die Verwendung in Küchen inzwischen rückläufig, dafür werden diese Materialien heute in Bädern, der Hotellerie, im Gesundheitswesen und im Objektbereich eingesetzt.

Die jüngste Entwicklung auf dem Gebiet künstlicher Steine stellen die Quarzwerkstoffe dar (Produktnamen z.B. *DuPont™ Zodiaq®, Caesarstone®).* Sie sind äußerst hart, weisen eine weitaus höhere Hitzebeständigkeit als Mineralwerkstoffe auf und besitzen eine größere Druck- und Biegesteifigkeit als Marmor und Granit. Hinsichtlich der farblichen Gestaltung bestehen kaum Einschränkungen. Quarzwerkstoffe eignen sich aufgrund ihrer Eigenschaften hervorragend für Arbeitsplatten, Wand- und Bodenbeläge von Küchen. Sie bestehen aus Polyesterharz und einem hohen Anteil von Quarzmehl, der je nach Hersteller bei bis zu 95 Prozent liegt. Zur Herstellung von Quarzwerkstoffen werden Harz und Zuschlagstoffe vermengt, Lufteinschlüsse durch Vakuum-Vibration ausgeschlossen und das Gemisch dann unter hohem Druck verpresst. Die so entstandenen Rohlinge werden anschließend bei ca. 90°C ausgehärtet. Durch den hohen Druck bei der Herstellung entsteht eine nahezu porenfreie Oberfläche. Diese wird abschließend geschliffen und kann je nach Wunsch und Verwendungszweck in unterschiedlichen Glanzgraden poliert werden.

Keramik und Steinzeug

Diese Werkstoffe haben für Küchen große Bedeutung, insbesondere als Boden- und Wandbelag. Die Oberflächen sind äußerst hart, verhalten sich chemisch neutral und sind ebenso unempfindlich wie pflegeleicht. Die vielfältigen Farb- und Dekormöglichkeiten, Strapazierfähigkeit und ein gutes Preis-/Leistungsverhältnisses machen Fliesen zu einem weit verbreiteten Material. Einen Nachteil bei der Reinigung stellt allerdings der hohe Fugenanteil insbesondere bei Arbeitsflächen und beim Spritzschutz an der Wand dar.

Die Muster zeigen einige der möglichen Farbvarianten von Mineralwerkstoffen *(DuPont™ Corian®)* (oben). Quarzwerkstoffe *(DuPont™ Zodiaq®)* sind in vielen Dekors erhältlich, hier als Steinimitat (unten).

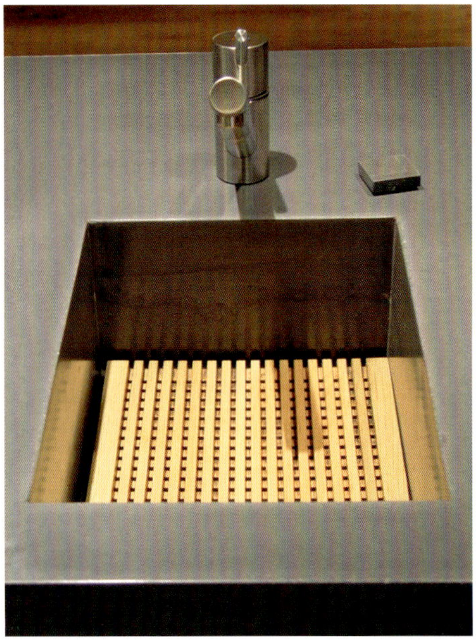

Aus einem Guss – Arbeitsfläche mit integriertem Spülbecken in Beton

Beton

Ein Material, das seit seiner Entwicklung kontroverse Diskussionen hervorruft, ist bewehrter Beton, ein ebenso einfacher wie vielseitiger Verbundwerkstoff, der zahlreiche positive Eigenschaften besitzt. Beton ist statisch hoch belastbar, sodass Konstruktionen mit geringer Materialstärke möglich sind, die Transportgewicht einsparen. Für den Einsatz in der Küche sprechen auch andere Eigenschaften. Durch die Möglichkeit, das Material fugenfrei zu verarbeiten, lassen sich Spülen, Durchbrüche etc. aus einem Guss in die Arbeitsplatten integrieren, sodass monolithische Bauteile entstehen, die keine unnötigen Schmutzkanten oder Fugen an Materialübergängen aufweisen. Selbst der Spritzschutz an der Wand kann aus Beton angeformt werden.

Beton hat den Vorteil, an jedem beliebigen Ort mit wenig Aufwand hergestellt werden zu können, ohne dass besondere Bedingungen wie hohe Temperaturen oder hoher Druck gegeben sein müssen. Da für den Gießvorgang immer der Bau einer Form notwendig ist, impliziert das Material serielle Verarbeitungsmethoden. Die Herstellung von (Klein-)Serien ist daher sinnvoll und die Herstellung von Einzelstücken in der Regel teuer.

Beton ist ein Material, das einem beständigen Entwicklungsprozess unterworfen ist – eine Tatsache, die ihn für Planer immer wieder interessant macht.

Metall

Metalle gehören zu den ersten Materialien, die künstlich hergestellt wurden (Kupfer ca. 6000 v. Chr.) und haben in der Küche eine lange Tradition. Sie sind beständig gegen Hitze, Feuchtigkeit, Kratzer, Schlag, Druck, teilweise auch gegen Säuren und Laugen. Metalle lassen sich zu nahezu jeder Form verarbeiten: man kann sie gießen, biegen, kanten und rollen.

Man unterscheidet Eisen- (alle Stahlsorten) und Nichteisenmetalle (NE-Metalle). Kupfer, Zinn und Silber besitzen eine antibakterielle Wirkung und werden heute noch für Töpfe, Besteck und Einrichtungsgegenstände verwendet.

Gusseisen ist spröde und kann nur ab einer bestimmten Materialdicke hergestellt werden. Pfannen und Woks aus Gusseisen sind deshalb schwer und eignen sich optimal zum Braten von Fleisch und Garen von Gemüse, da die Hitze gleichmäßig auf der gesamten Fläche verteilt wird.

Unter dem Begriff »Edelstahl Rostfrei« werden mehr als 120 verschiedene Stahlsorten zusammengefasst, deren Gemeinsamkeit darin besteht, dass sie einen Chromanteil von mehr als 10,5 Prozent (Chromstahl) aufweisen und ohne Oberflächenbeschichtung korrosionsbeständig sind. Edelstahl hat sich in den vergangenen Jahrzehnten bei Spülen, Elektrogeräten, Töpfen, Pfannen, Messern und vor allen Dingen bei professionellen Kücheneinrichtungen und -ausstattungen als Standard durchgesetzt.

In der jüngsten Vergangenheit sind zu den für den Küchenbau einsetzbaren Metallen hoch legierte Aluminiumverbindungen hinzugekommen, die sich durch eine seidenmatte, beinahe weiße, aber dennoch metallische Oberfläche auszeichnen und der Küche ein edles Erscheinungsbild verleihen. Sie sind jedoch weit weniger robust als Edelstahl.

Glas

Die Haupteigenschaft von Glas – Transparenz – offenbart zugleich seine Ambivalenz: einerseits ist es blick- und lichtdurchlässig, andererseits dicht gegen Schall und Witterungseinflüsse.

Oberflächenkombinationen – Arbeitsfläche in Sandstein (Grauwacke) mit Aluminiumfronten und Edelstahlgriffen (links), Arbeitsplatte aus Schiefer mit Fronten aus farbbeschichtetem Glas (rechts)

Der Begriff »Glas« bezeichnet entweder Floatglas (scheibenförmig gegossenes Glas), Pressglas (Körper von Flaschen und Gläser) oder geblasenes Glas. Für den Küchenbau ist in der Regel nur Floatglas von Bedeutung.

Zur Herstellung von Floatglasscheiben wird das flüssige Glas auf ein Bad aus flüssigem Zink gegossen. Aufgrund der Schwerkraft verteilt es sich gleichmäßig darauf, kühlt langsam ab und erhält eine nahezu plane und hochglänzende Oberfläche. Dann wird das noch zähfließende Glas über Walzen gezogen und kalibriert, das heißt, die Dicke exakt eingestellt. Abschließend kann das Glas auf vielfältige Art veredelt werden, entweder durch mechanische traditionelle Bearbeitungsmöglichkeiten wie Schleifen, Polieren, Ätzen oder Sand- bzw. Glasperlenstrahlen oder durch Beschichtung mit Farbe. Diese kann entweder ganzflächig uni oder mittels Siebdruck in einer oder mehreren Farben erfolgen. Die flüssigen Farbpigmente werden aufgespritzt oder durch das Sieb aufgetragen und anschließend im Temperierofen eingebrannt. So entsteht Glas mit der Qualität von Einscheibensicherheitsglas (ESG) und zugleich eine hochfeste Oberfläche in Emaille-Qualität. Darüber hinaus können Gläser (wie auch andere glatte Oberflächen wie Metallbleche oder Kunststoffe) im digitalen Siebdruckverfahren mit frei wählbaren Motiven, z.B. Fotografien oder Grafiken bedruckt werden.

Noch weitergehende Möglichkeiten bietet Verbundglas, das aus zwei Glasscheiben und einer Mittellage aus einer oder mehreren Folien besteht (meist Polyvinylbutyral, kurz PVB). Diese Folien können farbig, transparent oder transluzent, grafisch gestaltet oder mit fotografischen Motiven bedruckt sein. In diese Zwischenschicht können auch LEDs eingelegt sein, sodass Lichtpunkte frei auf der Glasfläche verteilt werden können. Diese Gläser können in der Küche als Spritzschutz an der Wand, als Front oder als Fachböden in Schränken und Regalen eingesetzt werden. Darüber hinaus gibt es die Glaskeramik, gehärtetes Glas, das äußerst hitzebeständig sowie kratz- und schlagfest ist. In der Küche wird das Material für Kochfelder (Produktname *Ceran®)* und für Arbeitsflächen verwendet.

Kunststoffe

Ohne die Erfindung industriell herstellbarer Materialien wie Metallen und vor allen Dingen von Kunststoffen wäre die Deckung des Kücheneinrichtungsbedarfs breiter Bevölkerungsschichten nach dem Zweiten Weltkrieg nicht in so kurzer Zeit in dem realisierten Umfang möglich gewesen.

Kunststoffe mit hochstrapazierfähigen Oberflächen dienen im Küchenbau vor allem als Beschichtung von Trägerplatten aus Holzwerkstoffen, aus denen Korpusse, Fronten und Arbeitsplatten gebaut werden. Diese Schichtstoffe, so genannte Laminate, auf der Basis von natürlichen Harzen (Melamin- oder Phenolharz), werden hergestellt, indem Papierbahnen mit den Harzen getränkt und anschließend unter großem Druck und bei hoher Temperatur miteinander verpresst werden. In der Regel besteht die oberste Schicht (Overlay) aus einer transparenten Schutzschicht, die darunter liegende aus der Dekorschicht. Diese ist standardmäßig in Unitönen eingefärbt. Bei modernen Digitaldruckverfahren können jedoch Farben, Dekore und neuerdings auch Bildmotive frei gewählt werden.

 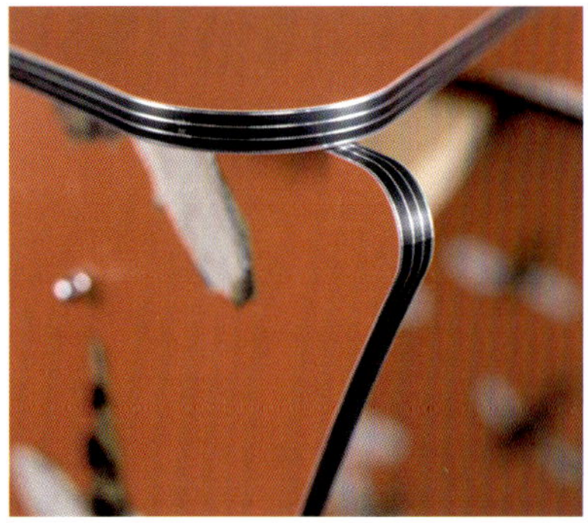 

Besteht auch die Trägerplatte aus Schichten harzgetränkter Papiere (Kernlagen), spricht man von HPL-Kompaktplatten *(high pressure laminate).* Der Vorteil dieser Platten besteht darin, dass die Kanten nicht belegt werden müssen; es genügt, sie zu schleifen und zu polieren. Die Platten eignen sich für alle Flächen wie Arbeitsplatten, Fronten, Wandverkleidungen und auch für Fußböden. Für Bereiche, in denen absolute Sauberkeit gefordert ist, wie Laboreinrichtungen, Arztpraxen, Fotolabors und im Hygienebereich, werden auch chemikalienresistente Oberflächenqualitäten angeboten.

Linoleum

Linoleum ist ein Material, das in den vergangenen 20 Jahren eine Renaissance erfahren hat. Im Jahr 1863 in England von Sir Frederick Walton erfunden, war es einer der ersten industriell hergestellten Oberflächenbeläge. Es besteht aus natürlichen Materialien, wobei Leinöl *(oleum lini)* mit nahezu 80 Prozent den Hauptbestandteil darstellt, dem Füllstoffe wie Kork-, Holz- und Kalksteinfeinmehl, Naturharze (Kolophonium) und Farbpigmente beigemengt werden. Aufgrund dieser Zusammensetzung ist die Entsorgung von Linoleum problemlos. Zur Herstellung wird die Masse auf ein Trägermaterial aus Jutegewebe, Papier oder Karton aufgetragen und in die gewünschte Dicke gepresst. Anschließend wird das Material zum Aushärten einige Wochen bei kontrollierter Temperatur gelagert. Nach diesem Reifeprozess, der sich über die gesamte Lebensdauer von Linoleum fortsetzt, steht das Material in verschiedenen Ausführungen als Bodenbelag, für Möbeloberflächen und als akustisch wirksamer Wandbelag zur Verfügung. Linoleum hat einen charakteristischen Eigengeruch (Leinöl), der sich jedoch nach und nach verflüchtigt. Die Oberfläche fühlt sich angenehm warm an, lässt sich leicht durch feuchtes Wischen reinigen und ist in vielen verschiedenen Farbtönen und Dekors erhältlich.

Oberflächen

Manche Materialien benötigen keine extra Oberfläche, z. B. Glas, Stein, Kunststoffe und – mit Einschränkungen – Massivholz. Sie können poliert werden (Stein, Kunststoffe, dichte Massivholzarten, korrosionsfreie Metalle) oder wie Edelstahl ein Finish erhalten durch Schleifen in unterschiedlichen Feinheitsgraden und anschließendes Auftragen einer hochglänzenden Politur. Andere Materialien (die meisten Holzarten, nicht korrosionsfreie Metalle) wiederum brauchen eine schützende Haut, eine Schicht oder Beschichtung in Form eigens für diesen Zweck entwickelter Materialien wie Lacke, Schichtstoffe, Öle oder Wachse.

Ein wichtiger Aspekt einer Oberfläche ist ihr Erscheinungsbild, das z. B. glänzend oder matt sein kann. Nicht jedes Material benötigt Hochglanz, um hochwertig zu wirken, bei manchen ist sogar das Gegenteil der Fall, wie bei Edelstahl, Aluminium, Massivholz, Glas und Linoleum. Kunststoffe verhalten sich ambivalent: hochglänzend wirken sie nur edel, wenn sie absolut makellos verarbeitet sind, ansonsten haben Verarbeitungsungenauigkeiten oder Gebrauchsspuren die gegenteilige Wirkung. Die Entscheidung für Oberflächenqualitäten ist ständig wechselnden Trends unterworfen, dies gilt auch für die Wahl zwischen matt und glänzend.

Lacke Lackoberflächen spielen im Küchenbereich eine große Rolle, was insbesondere dem geringen Pflegebedarf und ihrem hochwertigen Erscheinungsbild zu verdanken ist. Aufgrund ihrer Härte sind Lackoberflächen stark belastbar. Der größte Vorzug

Was ist Spiegelung, was real? Lackoberflächen haben einen eigenen Charakter und sind besonders hochwertig.

Verschiedene Oberflächenbeschichtungen (Acryl, Aluminium) auf Holzwerkstoffen (links), HPL-Kompaktplatte mit Aluminiumeinlagen für höchste Belastungen (Mitte und rechts)

von Lacken ist die nahezu unbegrenzte Farbauswahl, die in den vergangenen Jahren kontinuierlich gewachsen ist. Herstellerneutrale Referenzfarbfächer weisen nahezu 2000 Farbtöne aus, die von den industriellen Anbietern produziert werden können. Darüber hinaus ist es möglich, Sondertöne mischen zu lassen.
Man unterscheidet flüssig und pulverförmig aufgetragene Lacke. Bei beiden Verfahren bildet sich auf der Oberfläche des Materials ein Film, der darauf haftet. Flüssige Lacke bestehen aus einem Lösungsmittel sowie Pigmenten, Füllstoffen, Additiven und Bindemitteln. Aufgrund der gesundheitsschädlichen Emissionen der lösungsmittelhaltigen Lacke geht die Entwicklung verstärkt in Richtung von Wasserlacken (Suspensionen) und Pulverbeschichtungen. Bei dieser Technik wird der pulverförmige Lack durch elektrostatische Aufladung auf die zu beschichtende Oberfläche aufgetragen und anschließend durch eine Wärmebehandlung aufgeschmolzen.

Öle, Wachse, Kombinationspräparate Neben Lacken stehen zur Oberflächenbehandlung von Holz unterschiedliche Öle, Wachse und Kombinationspräparate zur Verfügung.
Eine geölte Oberfläche vermittelt ein direktes Gefühl für das Holz. Öle dringen in die Holzstruktur ein (ca. 1 mm) und härten dann aus, indem sie in den Faserzwischenräumen verharzen. Dadurch ist die Filmbildung an der Oberfläche deutlich geringer als bei Lacken. Öl feuert das Holz an und bringt Struktur und Farben stärker zur Geltung.
Wird das Öl mit Wachsen vermengt, wie es bei den Kombinationsprodukten der Fall ist, sind bei mehrfacher Wiederholung und einer abschließenden Politur auch hochglänzende Oberflächen möglich. Dieses Finish bildet in der Regel einen Schutz gegen Wasser und Feuchtigkeit, die beim Wischen entsteht. Säurehaltige Lebensmittel wie Wein oder Essig dürfen jedoch nicht längere Zeit auf diesen Oberflächen verbleiben, da sie diese durchdringen und es dadurch zur Fleckenbildung kommt.
Wachse hingegen dringen nicht in das Holz ein, sondern bilden wie Lacke eine Oberfläche auf dem Material. Diese Schicht kann auch von Flüssigkeiten, die nicht sauer oder alkalisch sind, angegriffen werden, was zur Bildung von Flecken führt. Daher sind reine Wachsprodukte im Küchenbereich nur für Fronten, nicht aber für Arbeitsplatten zu empfehlen.

Die Küche ist im Wohnumfeld einer der technisch am anspruchsvollsten ausgestatteten Räume. Diese Tatsache spiegelt sich in der großen Anzahl der Hersteller und Marken für diesen Bereich wider. Das Angebot an Herden, Spülen, Abzügen, Kühl- und Gefriergeräten ist sehr groß und unübersichtlich, da die Unterschiede im Detail liegen und ein Angebotsvergleich nur sehr aufwändig durchzuführen ist. Daher ist die Beratung durch Fachleute sinnvoll und hilfreich.

Obwohl die erste vollständig elektrisch ausgestattete Küche bereits 1893 auf der Weltausstellung in Chicago vorgestellt wurde – vom schweizerischen Unternehmer Friedrich Wilhelm Schindler, der bereits in den späten 1880er-Jahren in seinem privaten Wohnhaus mit einer solchen Küche experimentiert hatte –, dauerte es viele Jahre, bis sich dieses Konzept durchsetzen konnte. Insbesondere fehlte es damals an der flächendeckenden Verfügbarkeit von elektrischem Strom, was sich in Europa erst nach dem Ende des Ersten Weltkriegs änderte. Mit der Bereitstellung von elektrischer Energie für die Haushalte waren die technischen Voraussetzungen erfüllt. Jedoch gab es Vorbehalte gegen die damals noch nicht ausgereiften Geräte sowie das ungewohnte Brat-, Gar- und Kochverhalten der Speisen. Darum und nicht zuletzt aufgrund der hohen Preise dauerte es Jahrzehnte, bis sich diese Geräte durchsetzen konnten. Heute werden in Küchen ausschließlich Elektrogeräte verwendet, mit einer Ausnahme allerdings: Beim Kochfeld hat sich die Gasflamme nicht verdrängen lassen, weil sie vor allem dem ambitionierten Koch mehr Möglichkeiten bietet als der Elektroherd.

Kochfläche

Kochfelder können mit oder ohne Unterbauherd betrieben werden, je nachdem, ob sie über eigene Bedienelemente verfügen oder nicht. Sie sind als Glaskeramik-, Edelstahl- oder Gaskochstellen erhältlich. Das Glaskeramik-Kochfeld *(Ceran®)* ist heute Standard bei elektrischen Kochfeldern und hat das Edelstahlkochfeld

Kombinationsgerät mit Grill und Induktionskochfeldern

Ein Dampfgarer ermöglicht die schonende Zubereitung von Lebensmitteln.

Ein Induktionskochfeld erhitzt nur die Pfanne, sodass auf dem Herd nichts anbrennen kann.

mit den Gussplatten aus Stahl verdrängt. Die fugen- und absatzfreie Platte lässt sich wesentlich leichter reinigen als frühere elektrische Modelle und Gaskochmulden.
Noch einfacher ist die Reinigung von Glaskeramik-Induktionskochfeldern, bei denen die Hitze nicht auf der Kochfläche, sondern direkt im Topfboden entsteht. Da bei dieser neuen Technik keine Energie mehr im Raum verloren geht und die Kochfeld-Oberfläche aus Ceranglas kaum erhitzt wird, brennt kaum mehr etwas an. Voraussetzung sind allerdings Töpfe und Pfannen, deren Boden magnetisch ist (Gusseisen und so genannte ferritische Edelstähle), was mit einem Magneten leicht überprüft werden kann. Sie werden im Handel mit einer eigenen Kennzeichnung angeboten. Die Leistung ist – wie beim Gasherd – nach dem Einschalten sofort voll da und beim Ausschalten gleich wieder weg.

Grill

Mit einem Grill lassen sich Fleisch, Fisch und andere Lebensmittel zubereiten, außerdem kann er als zweiteilige Kochstelle zum Braten, Schmoren und/oder Warmhalten dienen. Der Rost ist zur Reinigung abnehmbar.

Teppan-Yaki

Der japanische Edelstahl-Flächengrill ist die neueste Entwicklung auf dem Küchengerätemarkt. Auf einer ca. 1 cm dicken Edelstahlplatte, dem »Heißen Tisch«, die sich in der Mitte leicht nach unten wölbt, werden Fleisch, Fisch und Gemüse bei Temperaturen zwischen 50 °C und 250 °C schonend gegart. Auch größere Mengen von Lebensmitteln können mit wenig Fett zubereitet werden, wobei die Temperatur vom Zentrum nach außen hin kontinuierlich abnimmt. Die Geräte sind sowohl in runder als auch rechteckiger Form erhältlich.

Backofen

Backöfen gibt es mit unterschiedlichen Ausstattungen, wobei nach teil- und vollautomatischen Öfen unterschieden wird. Besonders wichtige Details sind das Reinigungssystem und die unterschiedlichen Öffnungs- und Blechhalterungssysteme. Ein Wagenauszug erleichtert bei tief eingebauten Backöfen das Be- und Entladen. Bei der automatischen Selbstreinigung hat sich das so genannte pyrolytische Verfahren durchgesetzt. Dabei werden Rückstände an den Innenseiten des Backofens bei hohen Temperaturen (ca. 485 °C) zu Asche verbrannt, die nach Abkühlen des Backofens einfach ausgewischt werden kann.

Dampfgarer

Kombi-Dampfbacköfen sind eine Weiterentwicklung der jüngsten Vergangenheit. Aus einem Wasserreservoir, das direkt an Frischwasser und Ablauf angeschlossen wird, entweicht kontrol-

Die Wärmeschublade ergänzt den Backofen, sie dient zum Antauen oder zum Warmhalten.

Verschiebbare Dunstabzüge gestalten das Kochen komfortabler.

liert Dampf, der ohne Druck erzeugt wird und den authentischen Geschmack sowie die Nährstoffe von Lebensmitteln schützt. Dampfgarer eignen sich zum Garen, Dämpfen, Backen, Schmoren.

Wärmeschublade

Die Wärmeschublade ist eine sinnvolle Ergänzung zum Backofen. Man kann darin zum Beispiel sanftgaren bis 80 °C, Speisen antauen oder warmhalten und Hefeteig gehen lassen.

Mikrowellengerät

Aufgrund der relativ homogenen Wärmeverteilung ist ein Mikrowellenofen hervorragend zum Auftauen, Aufwärmen und eingeschränkt zum Kochen, allerdings überhaupt nicht für die Zubereitung von knusprig gebratenen Speisen geeignet.
Die in den Lebensmitteln enthaltenen Wassermoleküle werden in der Mikrowelle durch elektromagnetische Wellen in Schwingungen versetzt, wodurch Reibungswärme entsteht. Die notwendige Temperatur entsteht also im Gargut selbst. Die technische Funktionsweise der Mikrowellengeräte stößt heute allerdings immer noch auf Vorbehalte.

Frischluft

Von einer effizienten Lüftungstechnik hängt es unter anderem ab, ob man sich in der Küche wohl fühlt. Denn sie erleichtert nicht nur das Kochen, sondern unterstützt auch die Hygiene, beseitigt störende Gerüche und spart Zeit und Mühe beim anschließenden Reinigen des Kochumfelds. Die Bestimmung der richtigen Absaugleistung oder des Fördervolumens ist Aufgabe eines professionellen Küchenplaners, der alle baulichen und individuellen Anforderungen zu berücksichtigen weiß, damit das ausgewählte Gerät richtig dimensioniert ist und seine Aufgaben problemlos erfüllen kann.
Unterschieden wird zwischen dem Abluftbetrieb ins Freie und dem Umluftbetrieb. Beim Abluftbetrieb muss für ausreichende Zuluft gesorgt werden, dafür wird die Luft ausgetauscht; beim

Umluftbetrieb wird die Abluft durch einen regelmäßig zu reinigenden Akivkohlefilter gezogen, aber nicht ausgetauscht.
Abzugshauben sind, für jede Anwendungssituation, in vielen unterschiedlichen Formen erhältlich: Dunstabzugshaube, Dunstabzug mit Rückwandabsaugung, Dunstabzug in flacher Form zum Ausziehen oder Dunstabzug in flacher Form zum Einbau in Oberschränke. Eine Sonderform stellt die in die Arbeitsplatte integrierte Muldenlüftung dar, bei der die Abluft direkt vom Topf nach unten abgesaugt wird.

Kühlschrank

Es gibt Geräte mit unterschiedlichen Volumen und verschiedenen Wirtschaftlichkeitsstufen. Ablesbar sind diese an der Zertifizierung nach Energie-Effizienz-Klassen (EU-Label), die nach Großbuchstaben geordnet sind. Dabei kennzeichnet der Buchstabe »A« die Geräte mit dem geringsten Energieverbrauch, »G« diejenigen mit dem höchsten. Kühlschränke gibt es als Einbaugeräte oder freistehende Einzelgeräte. Sie werden in separate »Klimazonen« aufgeteilt, um die jeweils optimale Aufbewahrungstemperatur für die verschiedenen Lebensmittel zu gewährleisten. Nach amerikanischem Vorbild sind in den vergangenen Jahren vermehrt Kühlschränke mit integriertem Eisbereiter auf dem Markt erhältlich.
Häufig werden, in der Regel zwei- oder mehrtürige, Kühl- und Gefrierkombinationen eingesetzt. Dabei befindet sich das Gefriergerät unter dem Kühlschrank, sodass dieser sich auf einer komfortablen Sicht- und Greifhöhe befindet. Eine Sonderform stellt der Getränke- oder Weinkühlschrank dar, der speziell zur richtigen Temperierung von Wein und anderen Getränken entwickelt wurde.

Wasseranschluss und Spüle

Wasseranschluss und Spüle sind neben Herd und Kühlschrank eine zentrale und häufig gebrauchte Einrichtung jeder Küche. Diese drei Elemente bilden das so genannte Arbeitsdreieck, in dem sich die wesentlichen Bewegungsabläufe innerhalb einer Küche abspielen.

Unterschieden werden Spülen nach der Art des Einbaus, nämlich Einbau- oder Unterbauspülen, und nach der Anzahl der Spülbecken (Einbecken-, Doppelbeckenspüle oder Einbeckenspüle mit Restebecken). Sonderformen sind die Eckeinbau-Zweibeckenspüle und Zweibeckenspüle mit Restebecken.

Geschirrspüler

Die Geschirrspülmaschine gehört heute zur Standardausstattung jeder Küche. Geschirrspüler werden als Normalgeräte mit 60 cm oder für kleinere Haushalte mit 45 cm Breite geliefert. Zum Einbau auf Sicht- und Greifhöhe gibt es außerdem Minispülmaschinen mit geringerer Höhe, die über nur einen Auszug für Geschirr verfügen.

Dieser Überblick zeigt die Vielfalt technischer Küchengeräte, die heute auf dem Markt verfügbar sind. Wesentliche Entwicklungen sind für die nächsten Jahre nicht zu erwarten, aber im Detail gibt es immer wieder Neuerungen und Verbesserungen, sodass es sich vor jeder Neuanschaffung lohnt, sich darüber zu informieren.

Klein und kompakt
Unterm Dach
Ohne Wand mehr Raum
Schnittstelle
Intelligent integriert
Bunte Boxen
Farbspiel
En passant
Einzeiler
Die kleine Schwarze
Heizkörperbild
Lichtdurchflutet
Schlicht
Massiv schwebend
Stilvoll in Stahl
Gestreckt
Rheinblick
Feuerstelle
Archetypisch
Sachlich-kühl
Professionell
Oberlicht
Klare Linie
Rollbar
Kubisch
Skulptural
Eleganter Aufschwung
Gekantet und gefaltet
Findling
Kontraste
Viel dahinter
Glänzende Aussichten
In Spanien
Raum (fast) ohne Ende
Hochwertig
Geschwungen

Kleine, einfache Küchen

Mit einem Minimum an Raum auszukommen ist eine große Herausforderung.

Unter den Begriffen »klein und einfach« sind Beispiele zusammengefasst, bei denen sich die Gestalter in Länge, Breite und Höhe – oder in allen drei Dimensionen – mit Beschränkungen auseinander setzen mussten.

Kleine, spezielle Küchen

In besonderen Situationen und unter besonderen Bedingungen entstehen Spielräume, die zu Experimenten einladen. Diese Beispiele zeigen einfallsreiche, originelle und ungewöhnliche Lösungen.

Küchen im Normalformat

Diese Beispiele zeigen vertraute, alltägliche Raumsituationen, die die Gestalter auf besondere, nicht alltägliche Weise gelöst haben.

Große Küchen

Unter dieser Rubrik sind Küchen zusammengefasst, die über die übliche Grundfläche hinausgehen.

Die räumliche Dimension allein ist zwar kein Qualitätsmerkmal, eröffnet aber eigene konzeptionelle und gestalterische Möglichkeiten.

Extravagante Küchen

Diese Küchen unterscheiden sich erkennbar von vertrauten Mustern. Material, Farbe, Form und Raum, deren Kombinationen untereinander und der freie Umgang mit den Gegebenheiten machen diese Beispiele besonders interessant.

Opulente Küchen

Die Küchen in diesem Abschnitt gehen weit über das übliche Maß hinaus, was die räumlichen Abmessungen, den Materialeinsatz und den allgemeinen Aufwand angeht.

Klein und kompakt
Unterm Dach
Ohne Wand mehr Raum
Schnittstelle
Intelligent integriert
Bunte Boxen
Farbspiel
En passant
Einzeiler
Die kleine Schwarze
Heizkörperbild
Lichtdurchflutet
Schlicht
Massiv schwebend
Stilvoll in Stahl
Gestreckt
Rheinblick
Feuerstelle
Archetypisch
Sachlich-kühl
Professionell
Oberlicht
Klare Linie
Rollbar
Kubisch
Skulptural
Eleganter Aufschwung
Gekantet und gefaltet
Findling
Kontraste
Viel dahinter
Glänzende Aussichten
In Spanien
Raum (fast) ohne Ende
Hochwertig
Geschwungen

Seiten 32 33

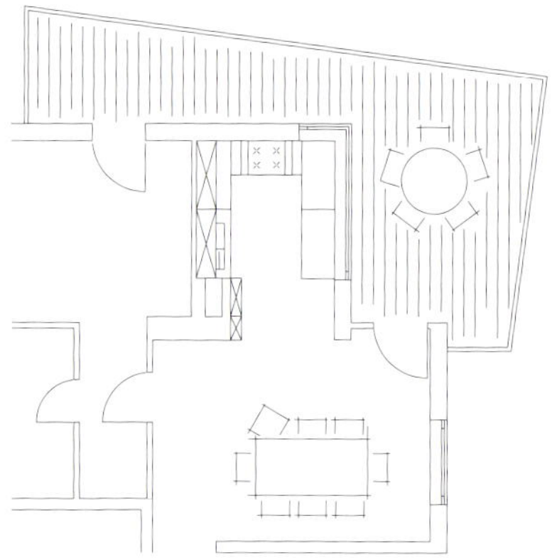

Dominante Horizontale – Arbeitsplatte, Griffleisten und Glasplatte fügen sich ein.

Im offenen Durchgang zwischen Küche und Essplatz ist ein Weinregal untergebracht.

Durch eine so genannte *Mini-Latch-Schließung* sind flächenbündige Fronten ohne Griffe möglich.

Klein und kompakt

Küche mit Weinregal Die kleine, U-förmige Küche muss mit dem Raum haushalten. Trotzdem wirkt sie großzügig, da die rechte Seite oberhalb der Arbeitsplatte ganzflächig über Eck verglast ist, sodass ein direkter Bezug zur Landschaft entsteht. Verstärkt wird diese Raumwirkung durch die konsequente Betonung der Horizontalen: Die Arbeitsfläche läuft über alle drei Seiten ohne Unterbrechung durch, ebenso die Griffleisten der Auszüge und Türen sowie die Reling an der Wand. An der Decke nimmt ein in Höhe des Fenstersturzes umlaufender Fries mit integrierten Halogen-Downlights diese Ordnung auf. Die technischen Geräte werden unterschiedlich behandelt. Der Kühlturm aus Edelstahl ist im

Durchgangsbereich zum Essplatz untergebracht. An der Stirnseite zwischen Spülbecken und Fensterarbeitsfläche befinden sich Dunstabzug, Backofen und Kochfeld, flankiert von nur 15 cm schmalen Auszügen mit Edelstahlkörben. Die Geschirrspülmaschine neben dem Spülbecken wird ebenso durch eine vollflächige Blende in die Front integriert.
Die horizontale Ordnung findet sich in den Materialien wieder: Das Furnier des amerikanischen Kirschbaums verläuft parallel zu Boden, Decke und zur Arbeitsplatte aus anthrazitfarbenem, spaltrauem Blauschiefer. Die Blende aus satiniertem Glas über der Arbeitsplatte ist fugenlos ausgeführt und von hinten beleuchtet.

Planung
baustein architekten

Ausführung Popp Art

Ort Garmisch-Partenkirchen

Fertigstellung 2005

Fläche 7,5 qm

Kosten 12 000 €

Klein und kompakt
Unterm Dach
Ohne Wand mehr Raum
Schnittstelle
Intelligent integriert
Bunte Boxen
Farbspiel
En passant
Einzeiler
Die kleine Schwarze
Heizkörperbild
Lichtdurchflutet
Schlicht
Massiv schwebend
Stilvoll in Stahl
Gestreckt
Rheinblick
Feuerstelle
Archetypisch
Sachlich-kühl
Professionell
Oberlicht
Klare Linie
Rollbar
Kubisch
Skulptural
Eleganter Aufschwung
Gekantet und gefaltet
Findling
Kontraste
Viel dahinter
Glänzende Aussichten
In Spanien
Raum (fast) ohne Ende
Hochwertig
Geschwungen

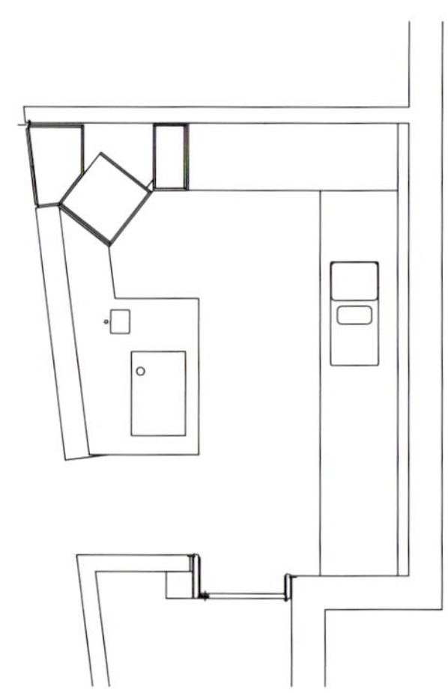

Differenzierte Arbeitshöhen sorgen für Abwechslung und entspanntes Kochen.

Die Bar leitet zum offenen Wohnbereich über.

Unterm Dach

Küche in Kirschbaum Das Problem der schrägen Decken weiß diese Küche in einer Dachwohnung geschickt zu lösen. Auf der Seite des Kniestocks ist die Küchenzeile mit Arbeitsfläche und Spüle so weit nach vorne gerückt, dass eine zum Arbeiten ausreichende Deckenhöhe entsteht. Die parallel dazu angeordnete Bar mit Kochblock vermittelt zwischen Küche und Essraum. Interessant ist der Umgang mit der Ecke am Durchgang zum Wohnraum. Durch den zurückspringenden Kochblock bildet sich dort eine Nische, in die Hochschränke und der Geräteturm mit dem Backofen diagonal eingepasst sind. Bei der Planung der Küche wurde besonderer Wert auf die Arbeitsabläufe beim Kochen gelegt und

die für Arbeitsflächen und Geräte ergonomisch sinnvollen Höhen berücksichtigt. Das Mobiliar ist außen mit europäischem Kirschbaum und innen mit heimischer Buche furniert. Alle Auszüge sind in massiver Buche gezinkt, die Griffleisten aus L-förmigen Edelstahl-Profilen oben sichtbar aufgeschraubt. Die matt lackierten Oberflächen bilden einen feinen Kontrast zu der polierten Granitarbeitsplatte, in die eine Abtropffläche für das Spülbecken eingefräßt ist. Als Spritzschutz dient auf der Seite der Dachschräge eine Scheibe aus Verbundsicherheitsglas mit einer rückseitig montierten Mattfolie, die durch moderne T16-Leuchtstoffröhren hinterleuchtet wird, neben der Leuchte im Dunstabzug die einzige Lichtquelle.

Planung und Ausführung
Schreinerei Strasser

Ort Großeisenbach/Fahrenzhausen

Fertigstellung 2004

Fläche 14 qm zzgl. Speisekammer

Kosten 30 000 €

Klein und kompakt
Unterm Dach
Ohne Wand mehr Raum
Schnittstelle
Intelligent integriert
Bunte Boxen
Farbspiel
En passant
Einzeiler
Die kleine Schwarze
Heizkörperbild
Lichtdurchflutet
Schlicht
Massiv schwebend
Stilvoll in Stahl
Gestreckt
Rheinblick
Feuerstelle
Archetypisch
Sachlich-kühl
Professionell
Oberlicht
Klare Linie
Rollbar
Kubisch
Skulptural
Eleganter Aufschwung
Gekantet und gefaltet
Findling
Kontraste
Viel dahinter
Glänzende Aussichten
In Spanien
Raum (fast) ohne Ende
Hochwertig
Geschwungen

Seiten 36 37

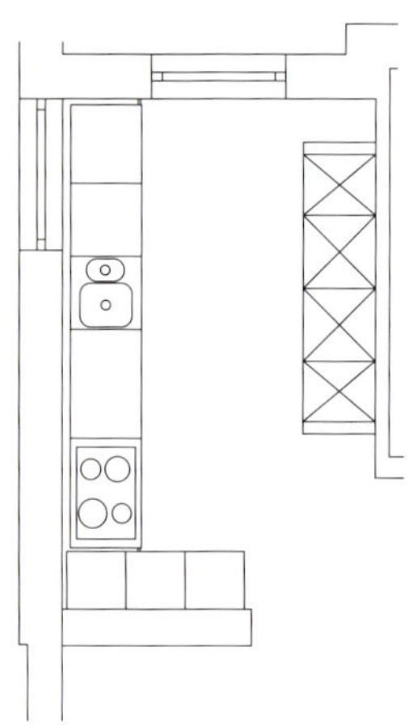

Arbeitsplatte – Echter Stein hat für diesen Zweck die besten Eigenschaften. Seine dichte, harte, geschlossene Oberfläche ist belastbar und dauerhaft.

Die Kaffeebar vor den Arbeitszeilen schützt vor Einblicken.

Obwohl die Grundfläche der Küche nur um drei Quadratmeter vergrößert wurde, hat sich das Raumerlebnis durch die Öffnung zum Wohnraum und den Blick durch das Fenster deutlich verbessert.

Ohne Wand mehr Raum

Küche mit Öffnung Ein typischer zweizeiliger Küchengrundriss wird hier aufgewertet durch seine Öffnung zum Essraum. Der gesamte Wohnbereich erhält dadurch Offenheit, Weite und Transparenz. Anstelle einer Wand schiebt sich eine kurze Theke in den Essraum und verwehrt den Blick auf die Arbeitsflächen.

Die klare Aufteilung der Einrichtungselemente in eine L-förmige Arbeitsfläche und einen Block mit Hochschränken an der Wand gegenüber lässt die Küche aufgeräumt erscheinen; der Verzicht auf Oberschränke über der Arbeitsfläche trägt zum offenen Raumgefühl bei. Die Unterbringung des Geschirrs in der Theke sorgt für kurze Wege zum Tisch.

Die Materialien entsprechen dem einfachen Charakter der Küche, sind aber sorgfältig aufeinander abgestimmt: Theke und Hochschrankblock sind an den seitlichen Flächen mit Schichtstoff in Bambusdekor belegt und nehmen Bezug auf den Boden im Wohnbereich. Alle Fronten sind mit weißem Kunststoff beschichtet und durch Edelstahl-Stangengriffe akzentuiert: horizontal unter der Arbeitsfläche, vertikal an den Hochschränken. Die Arbeitsfläche besteht aus anthrazitfarbenem, geflammtem und gebürstetem Granit des Typs *Nero Assoluto*. Die Türen der Theke sind in satiniertem Glas in Aluminiumrahmen ausgeführt und verleihen dem Möbel durch ihre Transluzenz eine angenehme Leichtigkeit.

Planung und Ausführung Gestaltung 3e

Ort Kleinostheim/Untermain

Fertigstellung 2004

Fläche 12 qm

Kosten 20 000 €

Klein und kompakt
Unterm Dach
Ohne Wand mehr Raum
Schnittstelle
Intelligent integriert
Bunte Boxen
Farbspiel
En passant
Einzeiler
Die kleine Schwarze
Heizkörperbild
Lichtdurchflutet
Schlicht
Massiv schwebend
Stilvoll in Stahl
Gestreckt
Rheinblick
Feuerstelle
Archetypisch
Sachlich-kühl
Professionell
Oberlicht
Klare Linie
Rollbar
Kubisch
Skulptural
Eleganter Aufschwung
Gekantet und gefaltet
Findling
Kontraste
Viel dahinter
Glänzende Aussichten
In Spanien
Raum (fast) ohne Ende
Hochwertig
Geschwungen

Seiten 38 39

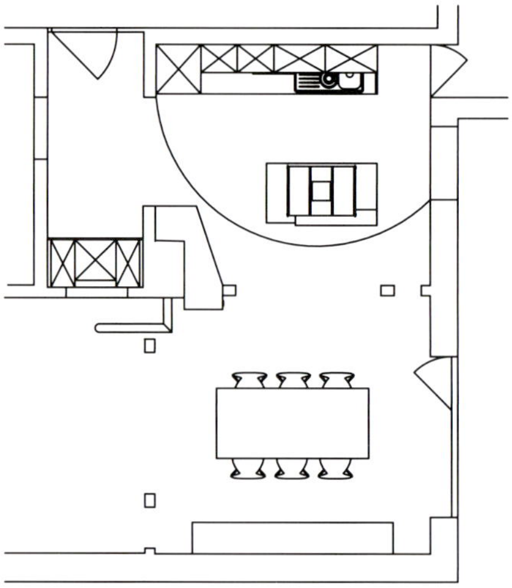

Die Elektrogeräte sind auf ergonomisch sinnvoller Höhe angeordnet.

Die asymmetrische Form der Kochinsel bildet eine spannungsvolle Komposition. Das zu den Möbeln kontrastierende dunkle Rot der Wand gibt dem Raum Tiefe.

Küche mit Stauraum Im Rahmen der Sanierung einer Dreizimmerwohnung hatte die Küche eine Schlüsselfunktion bei der Neuordnung des Grundrisses. Möglich wurde dies durch die Entscheidung, die tragenden Wände so weit als möglich zu entfernen, auf Flure zu verzichten und die Küche an den Mittelpunkt des Wohnens anzubinden.

Die offene Küche gliedert sich in einen Stau- und Vorratsbereich beim Wohnungseingang, der in die Koch- und Arbeitszone übergeht; beide Bereiche beanspruchen zusammen ca. 19 qm. Der Stauraum mit einem großen Einbauschrank für Kühlschrank und Vorräte

befindet sich gegenüber der Wohnungseingangstür. Die räumliche Aufteilung der Funktionen Aufbewahren und Zubereiten verleiht dem Raum eine Großzügigkeit, die durch den offenen Übergang zum Essbereich verstärkt wird. Die eigentliche Küche, die im Fußboden durch einen halbkreisförmigen Linoleumbelag vom Akazienparkett der restlichen Wohnung abgegrenzt wird, besteht aus einer Zeile mit Unter- und Oberschränken an der Rückwand, einer zentralen Kochinsel und einem Highboard aus Holz, dessen Deckplatte in Arbeitshöhe ausreichend Platz für eine Kaffee- und andere Küchenmaschinen bietet.

Gleichsam durch die Wand gesteckt, verbindet das Highboard Küche und Essraum.

Schafft Weite – Vom Eingang aus geht der Blick über die Kochinsel ins Freie.

Seiten 40 41

Schnittstelle

Dieser Holzkubus durchdringt die Wand und schafft so eine reizvolle Verbindung zum Essbereich. Die Kochinsel, wie die Arbeitszeile ohne Sockel nur auf Beinen stehend, bildet den Mittelpunkt der Küche mit Blick und Durchgang zum Ess- und Wohnraum.

Die Rückwand der Küchenzeile wird durch einen kräftigen Rotton akzentuiert. Eine Besonderheit ist die hinterleuchtete Verkleidung aus satiniertem Glas, die nicht nur abends ein stimmungsvolles Licht erzeugt, sondern auch als Arbeitsplatzbeleuchtung dient. Die 12 mm starke, massive HPL-Arbeitsplatte in Anthrazit gibt den Möbeln einen feinen und

filigranen Abschluss. Material und Farbe der Fronten sind nach den Funktionen differenziert: beige-grau lackierte Flächen im Kochbereich und horizontal verlaufendes Hemlockfurnier in der Aufbewahrungszone. Dieses Material wird von der kleinen Bar aufgegriffen, die die Kochinsel zum Wohnbereich hin abschließt.
Die Küche verändert das räumliche Gefüge der gesamten Wohnung, die mit 78 qm eine durchschnittliche Größe besitzt. Aus engen Räumen haben die Planer ein Raumkontinuum mit einem Erlebnisablauf geschaffen.

Planung und Ausführung
das werkteam

Ort Lüdenscheid

Fertigstellung 2004

Fläche 19 qm

Kosten 33 000 €

Klein und kompakt
Unterm Dach
Ohne Wand mehr Raum
Schnittstelle
Intelligent integriert
Bunte Boxen
Farbspiel
En passant
Einzeiler
Die kleine Schwarze
Heizkörperbild
Lichtdurchflutet
Schlicht
Massiv schwebend
Stilvoll in Stahl
Gestreckt
Rheinblick
Feuerstelle
Archetypisch
Sachlich-kühl
Professionell
Oberlicht
Klare Linie
Rollbar
Kubisch
Skulptural
Eleganter Aufschwung
Gekantet und gefaltet
Findling
Kontraste
Viel dahinter
Glänzende Aussichten
In Spanien
Raum (fast) ohne Ende
Hochwertig
Geschwungen

Die verdeckt angebrachte Beleuchtung gibt der Dachschräge Höhe.

Das in der gesamten Wohnung verlegte Bambusparkett setzt sich auch in der Küche fort und lässt sie größer erscheinen.

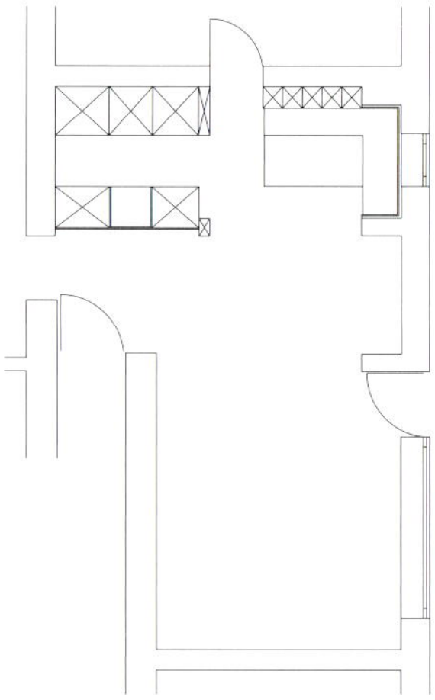

Küche im Dachgeschoss Auf kleinstem Raum unter einer Dachschräge eingebaut, bietet diese Küche ein großes Potential. Hinter einer Bar befinden sich sechs Küchenelemente, drei auf jeder Seite, die alles Notwendige beinhalten: Geschirrspülmaschine, Spüle, Kühlschrank, Backofen und vier Kochfelder. Der Dunstabzug ist unsichtbar in die Bar integriert.

Materialien, Farben und Detaillierung sind maßvoll-reduziert. Die flächigen Materialien – finnische Birkenfurnierplatten mit Phenolharzbeschichtung, satiniertes Glas, HPL-Schichtstoff- und Bambusplatten – sind ohne Überstände bündig aneinandergefügt. Statt einer

Tropfkante wurde eine umlaufende Wasserrinne in die Arbeitsfläche eingefräst, die die Unverwüstlichkeit der Schichtstoffplatte unterstreicht.
Formal werden die einzelnen Elemente von durchlaufenden rotbraunen Bändern aus Furnierplatten zusammengefasst und mit dem Essplatz verbunden. Die Bänder kontrastieren elegant mit den weißen Küchenmöbeln und Wänden und enthalten die – ausschließlich künstliche – direkte und indirekte Beleuchtung. Der Kontrast zwischen dunklen Fugen und weißen Fronten verleiht der Küche eine grafische, klare Wirkung. Großzügigkeit erhält der kleine Raum durch die scheinbar schwebende Barzeile, unter der der Parkettboden durchläuft.

Planung Holzbox ZT GmbH

Ausführung
Tischlerei Lorünser (Schreinerarbeiten)

Ort Lech am Arlberg/A

Fertigstellung 2004

Fläche 4 qm

Kosten 8000 € inkl. Geräten

Klein und kompakt
Unterm Dach
Ohne Wand mehr Raum
Schnittstelle
Intelligent integriert
Bunte Boxen
Farbspiel
En passant
Einzeiler
Die kleine Schwarze
Heizkörperbild
Lichtdurchflutet
Schlicht
Massiv schwebend
Stilvoll in Stahl
Gestreckt
Rheinblick
Feuerstelle
Archetypisch
Sachlich-kühl
Professionell
Oberlicht
Klare Linie
Rollbar
Kubisch
Skulptural
Eleganter Aufschwung
Gekantet und gefaltet
Findling
Kontraste
Viel dahinter
Glänzende Aussichten
In Spanien
Raum (fast) ohne Ende
Hochwertig
Geschwungen

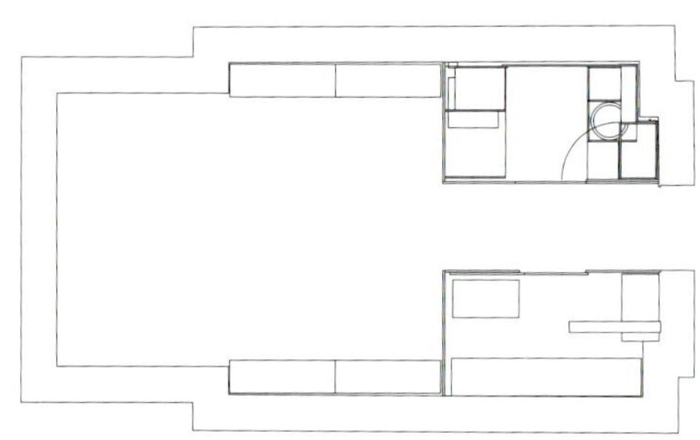

Bunte Boxen

Miniküche in einem Besprechungsraum In einem Architekturbüro bestand der Bedarf an einem Archiv und einer Teeküche. Die Planer entschieden sich für den Einbau von zwei demontierbaren Boxen, die wie Möbelstücke im großen Besprechungsraum stehen. Äußerlich sind sie baugleich, doch im Innern offenbaren sie ihre unterschiedlichen Funktionen: Die Archivbox enthält Regale an den Wänden; die Küchenbox bietet eine komplette Teeküche mit Wasseranschluss, Spüle, Geschirrspülmaschine, Kühlschrank, Mikrowelle, Espressomaschine und Stauraum. In der Wand verschwindende Schiebetüren ermöglichen einen flächensparenden Zugang.

Boxen in Grün und Blaugrau schaffen Stauraum und sorgen für Ordnung.

Schiebetüren sparen Platz und halten den Durchgang frei.

Im Innern – MDF in seiner eigenen Farbigkeit, geschützt durch farblosen Lack

Dass es sich um reversible Einbauten handelt, spiegelt sich in der Materialwahl wider: beide Boxen wurden relativ preisgünstig aus MDF-Platten vom Schreiner in der Werkstatt vorgefertigt, grundiert und innenseitig farblos lackiert, sodass das Material sichtbar bleibt. Sie wurden vor Ort montiert und anschließend an den Außenflächen in verschiedenen Farben beschichtet – grün das Archiv und blaugrau die Küche.
Die Boxen können demontiert und an einem anderen Ort wieder aufgebaut werden und geben so einen Denkanstoß für die Möblierung der Wohnungen »moderner Nomaden«, für Menschen also, die häufig ihren Wohnort wechseln.

Planung
Kreutzer Architekten

Ausführung
InnenGestaltung Oßwald

Ort Augsburg

Fertigstellung 2005

Fläche 3,5 qm

Kosten 4500 €

Klein und kompakt
Unterm Dach
Ohne Wand mehr Raum
Schnittstelle
Intelligent integriert
Bunte Boxen
Farbspiel
En passant
Einzeiler
Die kleine Schwarze
Heizkörperbild
Lichtdurchflutet
Schlicht
Massiv schwebend
Stilvoll in Stahl
Gestreckt
Rheinblick
Feuerstelle
Archetypisch
Sachlich-kühl
Professionell
Oberlicht
Klare Linie
Rollbar
Kubisch
Skulptural
Eleganter Aufschwung
Gekantet und gefaltet
Findling
Kontraste
Viel dahinter
Glänzende Aussichten
In Spanien
Raum (fast) ohne Ende
Hochwertig
Geschwungen

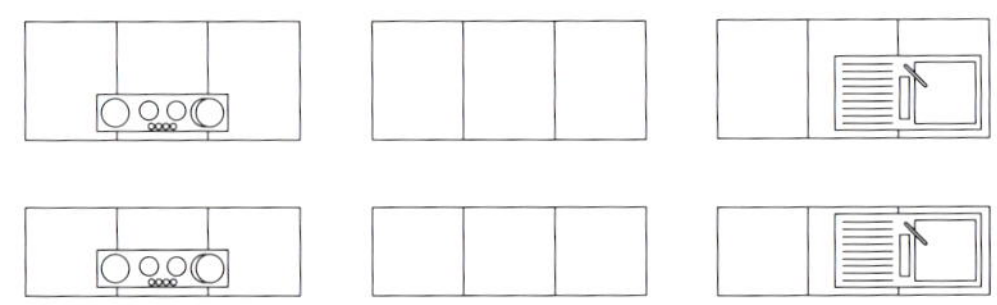

Farbspiel

Modulküche Dieses System macht es möglich, eine Küche mit wenigen Einheiten zu beginnen und später nach und nach zu ergänzen. Bislang existieren Prototypen von zwei Elementen: eine 60 cm tiefe, dreiteilige Wandzeile und eine dreiteilige Kochinsel mit 80 cm Tiefe, weitere Maße sind geplant.

Die Besonderheit der Module sind die in einem speziellen Verfahren hergestellten farbigen Glasfronten. Glasplatten werden dafür mit Farbpulver beschichtet und bei ca. 800° C in einem Temperierofen eingebrannt. Dabei verbindet sich der Farbauftrag mit der Glasscheibe wie eine Emailschicht. Gleichzeitig wird aus der einfachen Floatglasscheibe ein Einscheiben-

Beinahe jede Farbkombination ist mit diesem Modulsystem möglich.

Glasoberflächen sind pflegeleicht und widerstandsfähig.

Sicherheits-Glas (ESG) mit hoher Bruchfestigkeit. Die Farbschicht bildet die Rückseite der Front, sodass die glatte Vorderseite alle Vorteile von Glas behält wie Härte, Ebenheit, Kratz-, Wisch- und Säurebeständigkeit.
Die einzelnen Elemente stehen auf soliden Stellfüßen aus Aluminium, aus demselben Material sind die einfachen Winkelgriffe an Türen und Auszügen. Die Arbeitsplatte ist in neutralem, anthrazitfarbenem, spaltrauem Schiefer ausgeführt. Ceran- oder Gaskochfelder und Spülen können in allen marktüblichen Varianten eingesetzt werden. Die Korpusse bestehen aus furnierter Tischlerplatte, alle Schubladen verfügen über gedämpfte Vollauszüge.

Planung und Ausführung Inform-Saarburg

Fertigstellung 2002

Fläche ab 4 qm

Kosten k. A.

Klein und kompakt
Unterm Dach
Ohne Wand mehr Raum
Schnittstelle
Intelligent integriert
Bunte Boxen
Farbspiel
En passant
Einzeiler
Die kleine Schwarze
Heizkörperbild
Lichtdurchflutet
Schlicht
Massiv schwebend
Stilvoll in Stahl
Gestreckt
Rheinblick
Feuerstelle
Archetypisch
Sachlich-kühl
Professionell
Oberlicht
Klare Linie
Rollbar
Kubisch
Skulptural
Eleganter Aufschwung
Gekantet und gefaltet
Findling
Kontraste
Viel dahinter
Glänzende Aussichten
In Spanien
Raum (fast) ohne Ende
Hochwertig
Geschwungen

Seiten 48 49

Früher Ladengeschäft, heute Architekturbüro

Die Bar dient als Bindeglied zwischen den beiden Bürobereichen.

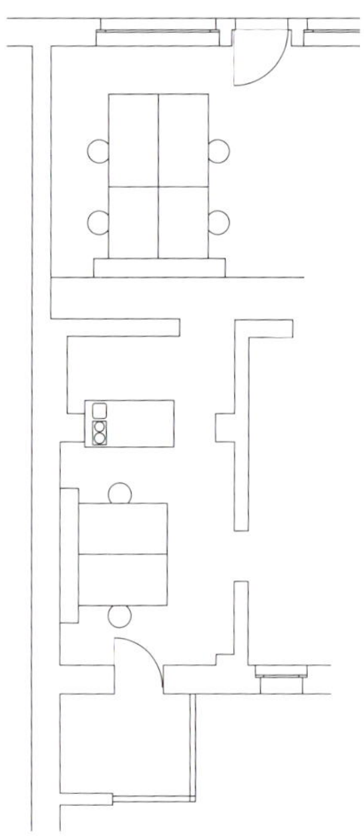

En passant

Teeküche in einem Architekturbüro Bei der Umgestaltung des Ladenlokals einer ehemaligen Fleischhauerei zu einem Architekturbüro ist diese sehr kleine, aber elegante und sorgfältig durchdachte Teeküche entstanden, in der man sich »en passant« einen Kaffee oder Tee holt oder miteinander anstößt, wenn es etwas zu feiern gibt.
Sie befindet sich im Durchgang zwischen acht Arbeitsplätzen im Eingangsbereich und zwei weiteren im rückwärtigen Teil des Büros. Die als Theke ausgebildete Küche beinhaltet auf kleinster Fläche alles Notwendige: Spüle, Kochfeld, Geschirrspülautomat und Stauraum für

Geschirr. Der monolithische Küchenblock aus mit schwarzem Laminat beschichteten Platten scheint aus der Wand herauszuwachsen, da sich der Farbton an der Wand, unter dem Sturz des Durchgangs und auf der gegenüberliegenden Wand fortsetzt. In diesen Rahmen ist zudem die Beleuchtung in Form von Einbaudownlights integriert. Der Küchenbereich hebt sich so von den ansonsten weißen Wänden und Decken und dem in einem neutralen, hellen Grau gehaltenen Fußboden ab. Die Küche ist Bindeglied zwischen beiden Teilen des Büros und ein Ort, an dem die Mitarbeiter zusammenkommen.

Planung landau und kindelbacher
Ausführung Möbel Bauer
Ort München
Fertigstellung 1998
Fläche 3 qm
Kosten 5000 €

Klein und kompakt
Unterm Dach
Ohne Wand mehr Raum
Schnittstelle
Intelligent integriert
Bunte Boxen
Farbspiel
En passant
Einzeiler
Die kleine Schwarze
Heizkörperbild
Lichtdurchflutet
Schlicht
Massiv schwebend
Stilvoll in Stahl
Gestreckt
Rheinblick
Feuerstelle
Archetypisch
Sachlich-kühl
Professionell
Oberlicht
Klare Linie
Rollbar
Kubisch
Skulptural
Eleganter Aufschwung
Gekantet und gefaltet
Findling
Kontraste
Viel dahinter
Glänzende Aussichten
In Spanien
Raum (fast) ohne Ende
Hochwertig
Geschwungen

Starker Halt – Ein Bügel aus Beton fasst die Küchenzeile zusammen.

Die Küche liegt im oberen Geschoss einer Maisonettewohnung. Eine Treppe führt nach unten.

Spiegelnde Oberflächen lassen den Raum weiter erscheinen.

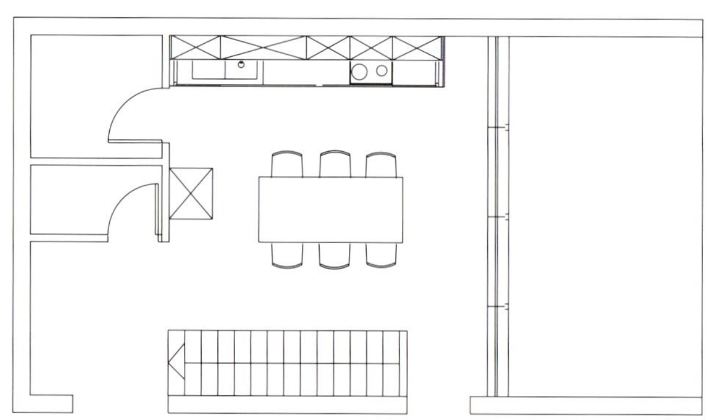

Küche in Weiß Diese auf das Wesentliche reduzierte Wohnküche liegt im oberen Geschoss einer Maisonettewohnung. Sie besteht aus einer Arbeitszeile mit Oberschränken, einem frei an der Wand stehenden Kühlschrank und einem Esstisch. In der Speisekammer daneben gibt es ausreichend Raum für Vorräte. Eine raumhohe Glasfront verbindet die Küche mit dem Balkon und bietet den freien Blick auf den Rhein.

Die puristische Entwurfshaltung findet sich in jedem Detail wieder. Die Fronten der Ober- und Unterschränke und deren Kanten sind mit Acryl-ABS-Laminatplatten beschichtet und hochglänzend poliert, der Spritzschutz an der Wand besteht aus einer Glasplatte mit weißer

Beschichtung auf der Rückseite. Die einheitliche Farbgebung in Weiß verbindet die Einbauten mit der Wand und lässt den Raum ruhig und großzügig wirken, ein Effekt, der durch die spiegelnden Oberflächen verstärkt wird. Die Geräte aus Edelstahl setzen sich kontrastreich ab und spielen farblich in das Grau der seidenmatt schimmernden Arbeitsplatte aus Beton und des keramischen Fußbodenbelags hinein. Die 8 cm starke, massive Platte wird an beiden Schmalseiten des Unterschranks bis zum Boden geführt, bildet so eine Art Rahmen und fasst die Küchenzeile zu einer Einheit zusammen. Spüle und Tropffläche sind fugenlos in die Platte eingearbeitet.

Entwurf rother's maßnahme

Ausführung
eggersmann küchen,
die betonköpfe (Betonarbeitsplatte)

Ort Köln

Fertigstellung 2006

Fläche 17,5 qm zzgl. Speisekammer

Kosten 20 000 €

Klein und kompakt
Unterm Dach
Ohne Wand mehr Raum
Schnittstelle
Intelligent integriert
Bunte Boxen
Farbspiel
En passant
Einzeiler
Die kleine Schwarze
Heizkörperbild
Lichtdurchflutet
Schlicht
Massiv schwebend
Stilvoll in Stahl
Gestreckt
Rheinblick
Feuerstelle
Archetypisch
Sachlich-kühl
Professionell
Oberlicht
Klare Linie
Rollbar
Kubisch
Skulptural
Eleganter Aufschwung
Gekantet und gefaltet
Findling
Kontraste
Viel dahinter
Glänzende Aussichten
In Spanien
Raum (fast) ohne Ende
Hochwertig
Geschwungen

Seiten 52 53

Die Durchreiche mit Ausblick gibt der schmalen Küche Weite.

Elegant und selbstbewusst geben sich die Arbeitsfläche aus Beton und der schwarze Hoch schrank.

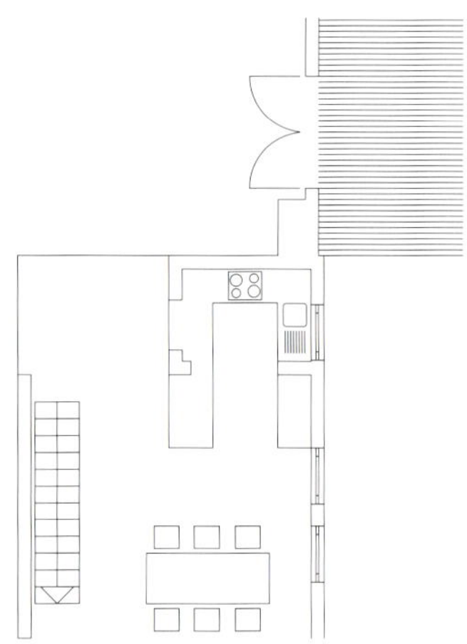

Küche aus Beton Präzise geplant und maßgenau gefertigt, überzeugt diese Küche in einer sanierten Dachgeschoss Wohnung durch die bewusste Reduktion der gestalterischen Mittel, eine sparsame Gestik und sorgfältige Materialwahl sowie durch ihre Öffnung in den Essraum – auf einer Grundfläche, die der einer typischen Einbauküche entspricht.
Die Arbeitsfläche verläuft in klassischer U Form; Herd und Abzug sind zentral in einer Nische an der Stirnseite angeordnet, rechts davon die Spüle. Eine Durchreiche zum Flur und ein

Fenster nach außen verhindern, dass in diesem nur knapp 4 qm großen Bereich ein Gefühl von Enge aufkommt.

Die Küche setzt sich über einen Durchbruch in den Essraum hinein fort und endet in einem frei stehenden, massiven Arbeits- und Anrichteblock mit beidseitig zu bedienenden Auszügen für Geschirr. Hochschränke an der gegenüberliegenden Wand beinhalten Backofen, Grill und Kühlgeräte auf ergonomisch sinnvoller Greifhöhe.

Übersichtlich – Kurze Auszüge für das Geschirr am Esstisch

Die seidenmatten Oberflächen im Streiflicht

Seiten 54 55

Die kleine Schwarze

Die schlichte Eleganz der Küche beruht auf ihrer reduzierten Material- und Farbwahl: Beton für Arbeitsfläche und Anrichteblock, matt-silbriger Edelstahl für die Einbaugeräte und schwarzes MDF für die Schränke; weiße Wände und ein Boden aus hellgrau beschichtetem Sichtestrich.

Alle Betonteile wurden vor Ort gegossen und anschließend geschliffen, sodass sie glatt, exakt rechtwinklig sowie maßhaltig sind und ihre Oberfläche der von Terrazzo gleicht. Die

auf einer Höhe durchlaufenden, betonierten Arbeitsflächen tragen zu dem ruhigen Gesamteindruck des Raums bei. Alle Schreinerarbeiten sind auf Maß gefertigt und in die Betonstruktur eingebaut. Das schwarz durchgefärbte MDF – farblos seidenmatt lackiert – lebt von seiner Struktur, die nicht durchgängig schwarz ist, sondern auch helle Partikel enthält. Auf Griffe wird zu Gunsten der minimalistischen Wirkung verzichtet, die Auszüge springen durch einfaches Antippen auf.

Planung
Margarete Weidinger Architektin

Ausführung Thomas Grögler und Harald Schiffermüller (Betonarbeiten, Schreinerei Ziegler (Schreinerarbeiten)

Ort Nürnberg

Fertigstellung 2003

Fläche 8 qm

Kosten 35 000 €

Klein und kompakt
Unterm Dach
Ohne Wand mehr Raum
Schnittstelle
Intelligent integriert
Bunte Boxen
Farbspiel
En passant
Einzeiler
Die kleine Schwarze
Heizkörperbild
Lichtdurchflutet
Schlicht
Massiv schwebend
Stilvoll in Stahl
Gestreckt
Rheinblick
Feuerstelle
Archetypisch
Sachlich-kühl
Professionell
Oberlicht
Klare Linie
Rollbar
Kubisch
Skulptural
Eleganter Aufschwung
Gekantet und gefaltet
Findling
Kontraste
Viel dahinter
Glänzende Aussichten
In Spanien
Raum (fast) ohne Ende
Hochwertig
Geschwungen

Außen wie innen – Befilmtes Sperrholz für Fassade und Küche

Der Heizkörper wird als Teil des Küchenmobiliars in Szene gesetzt.

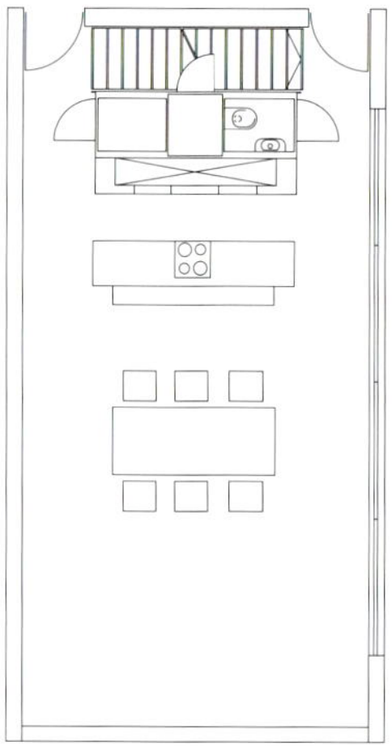

Vorgefertigte Küche Auf den ersten Blick sieht man nur den von einem Holzrahmen eingefassten Heizkörper – ein ungewohntes Bild.

Erst dann erkennt man, dass sich dahinter eine zweizeilige Küche verbirgt, deren vordere Barzeile frei in der offenen Wohnebene steht, während die zweite Zeile mit dem dahinter liegenden Sanitärblock eine Einheit bildet. Dieser Block fasst sämtliche Installationen des Hauses zusammen und schafft einen klaren, übersichtlichen Grundriss. Die Rückwand der Küche umfasst offene Regale, die Spüle sowie Hochschränke mit Kühlschrank und Stau-

raum. Die dem Ess- und Wohnraum zugewandte Seite ist als Theke ausgebildet, in der sich Gaskochfeld und Backofen befinden. Alle Möbel wurden im Werk vorgefertigt und wie eine Serienküche montiert.

Die Korpusse, Regale, Fronten und Arbeitsplatten bestehen aus finnischen Birkenfurnierplatten mit rotbrauner Phenolharzoberfläche, deren helle, fast weiße Schnittkanten eine klare, grafische Gliederung ergeben und die Entwurfsidee des Rahmens bei allen Möbeln konsequent fortsetzen.

Planung Holzbox ZT GmbH

Ausführung Tischlerei Lorünser (Schreinerarbeiten)

Ort Lech am Arlberg/A

Fertigstellung 2004

Fläche 8 qm

Kosten 11 000 € inkl. Geräten

Klein und kompakt
Unterm Dach
Ohne Wand mehr Raum
Schnittstelle
Intelligent integriert
Bunte Boxen
Farbspiel
En passant
Einzeiler
Die kleine Schwarze
Heizkörperbild
Lichtdurchflutet
Schlicht
Massiv schwebend
Stilvoll in Stahl
Gestreckt
Rheinblick
Feuerstelle
Archetypisch
Sachlich-kühl
Professionell
Oberlicht
Klare Linie
Rollbar
Kubisch
Skulptural
Eleganter Aufschwung
Gekantet und gefaltet
Findling
Kontraste
Viel dahinter
Glänzende Aussichten
In Spanien
Raum (fast) ohne Ende
Hochwertig
Geschwungen

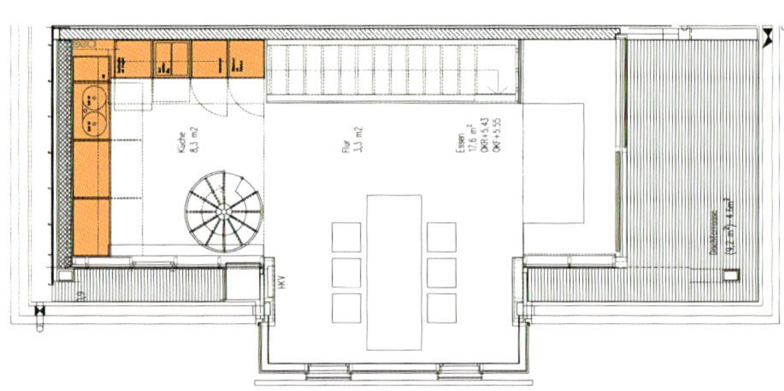

Offene Ecke – Das Regal löst den Konflikt, den zwei Klappen verursachen würden.

Der zweigeschossige Luftraum schafft Weite und Großzügigkeit.

Küche mit Galerie Die Küche dieses Zwei-Personen-Haushalts erstreckt sich bis unter das Dach des Hauses über zwei Geschosse und öffnet sich vollständig zum Esszimmer, dem Zentrum der Wohnung. Lediglich eine kleine Wendeltreppe zu einer Galerie trennt die beiden Bereiche voneinander, sodass die Kommunikation und der Blick bis hin zur Dachterrasse stets möglich sind. Durch eine Giebelverglasung im Tonnendach fällt das Tageslicht bis in den Küchenraum, macht ihn hell, sonnig und großzügig und bindet ihn in den Wohn- und Essbereich ein.

Für die Küchenmöbel wählten die Architekten die gleichen Materialien, Farben und Oberflächen wie für die übrigen Räume der Wohnung: Eichenholz, Glas, weiß lackierte Flächen und Edelstahl für Griffe etc., sodass sich die Küche gestalterisch einfügt. Selbst das Eichenparkett zieht sich bis in die Küche hinein und verstärkt die großzügige Wirkung der 4×8,50 m großen Wohnebene.

Die eichenfurnierte, mit Bootslack versiegelte Arbeitsplatte und die Schubladenreihe darunter aus dem gleichen Material, bilden eine Einheit und lassen die mit 95 cm relativ hohen

Blick von der Galerie in die Küche

Eine Treppe führt von der Küche zur offenen Wohngalerie im oberen Geschoss.

Lichtdurchflutet

Unterschränke niedriger erscheinen. Hinter den großflächigen, weiß lackierten Fronten darunter verbergen sich zwei Reihen mit Schubladen. Die Oberschränke sind mit einfachen Klappbeschlägen ausgestattet und horizontal geteilt, damit die Türen beim Öffnen nicht zu weit in den Arbeitsbereich ragen. Die Rückwand zwischen den Oberschränken und der Arbeitsplatte ist fugenfrei mit satiniertem Glas verkleidet, durch das die Reling für das Küchenzubehör geschraubt ist.

Für den offenen Grundriss vorteilhaft ist der Induktionsherd, für den zwar spezielle Töpfe erforderlich sind, der aber deutlich weniger Gerüche entstehen lässt als konventionelle Herde. Auch die Abnutzungen um die Kochstelle durch Hitze etc. sind viel geringer. Für den über dem Herd angeordneten Dunstabzug ist deshalb keine Abluft erforderlich, es genügt Umluftbetrieb. Im Backofen kann mit Dampf gegart werden, was die Luftbelastung ebenfalls niedrig hält.

Planung Buchecker Architekten

Ausführung
Schreinerei Bruckbauer

Ort München

Fertigstellung 2004

Fläche 9 qm

Kosten 17 000 €

Klein und kompakt
Unterm Dach
Ohne Wand mehr Raum
Schnittstelle
Intelligent integriert
Bunte Boxen
Farbspiel
En passant
Einzeiler
Die kleine Schwarze
Heizkörperbild
Lichtdurchflutet
Schlicht
Massiv schwebend
Stilvoll in Stahl
Gestreckt
Rheinblick
Feuerstelle
Archetypisch
Sachlich-kühl
Professionell
Oberlicht
Klare Linie
Rollbar
Kubisch
Skulptural
Eleganter Aufschwung
Gekantet und gefaltet
Findling
Kontraste
Viel dahinter
Glänzende Aussichten
In Spanien
Raum (fast) ohne Ende
Hochwertig
Geschwungen

Küche mit Ausblick Bei dieser schlichten, aber äußerst sorgfältig geplanten und detaillierten Küche haben Architektin und Innenarchitekt eng zusammengearbeitet, um Raum, Öffnungen und Ausbau genau aufeinander abzustimmen. Fenster, Terrassentür und die Schiebetür zum Wohn/Essbereich sind so überlegt gesetzt, dass sich die Küche gut einbauen ließ. Diese drei von Wand zu Wand beziehungsweise vom Boden zur Decke reichenden Öffnungen lassen den Raum größer wirken als er tatsächlich ist.

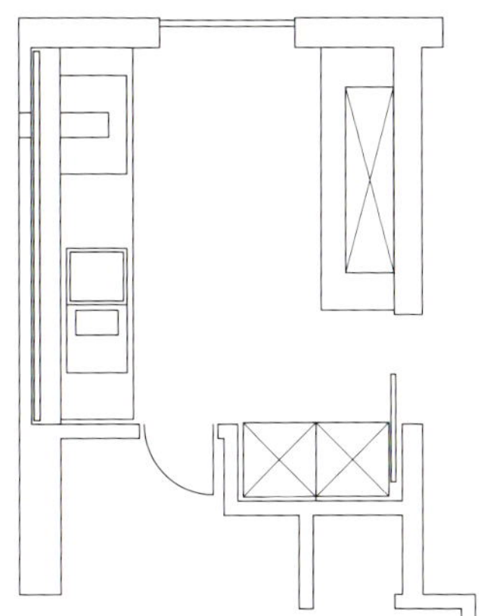

Großzügige Fenster verbinden die Küche mit dem Garten.

Die Schiebetür verschwindet vollständig zwischen Wand und Schrank.

Die beiden Zeilen mit Arbeitsflächen – unter dem lang gezogenen Fenster und an der Wand gegenüber – werden stirnseitig begrenzt von der Terrassentür auf der einen und der Speisekammer auf der anderen Seite. Die Trennwand zur Speisekammer enthält Kühlschrank und Backofen. Spüle und Herd liegen unter dem Fenster, sodass man immer mit Blick in den Garten arbeiten kann. Die Elemente der Arbeitszeilen bestehen aus MDF, das mit HPL-Schichtstoff belegt ist. Die Kanten der Auszüge sind farblos lackiert, damit der schichtweise

Klappen aus satiniertem Glas an den Oberschränken

Die Kühlschrankblende reflektiert die Holzfarbe der Schiebetür.

Hilft beim Ordnunghalten – Der separate Vorrats- und Hauswirtschaftsraum

Seiten 64 65

Schlicht

Aufbau der Fronten sichtbar bleibt. Durch die dunkle Farbigkeit der Kanten entsteht ein ausgeprägtes, horizontal gerichtetes Fugenbild, das den Blick in Richtung Terrassentür und damit auch in den Garten leitet. Die zurückhaltend gestalteten Oberschränke sind platzsparend mit satinierten Glasklappen verschlossen, deren Rahmen wie die Griffleisten der Fronten in Aluminium ausgeführt sind.

Die insgesamt kühl wirkenden Materialien stehen im Kontrast zu der intensiv rot gestrichenen Wand und der rückseitig rot lackierten Glasscheibe hinter der Spüle. Ein kleines, aber für den Gesamteindruck wichtiges Detail sind die schwarzen Steckdosen und Schalter, die gegenüber den roten Flächen optisch zurücktreten. Die naturfarbenen Holzoberflächen von Fenster und Türelementen runden das freundliche Erscheinungsbild des Raums ab.

Planung
InnnenGestaltung Oßwald

Ausführung
Schreinerei Steck und Müller

Ort Bobingen

Fertigstellung 2004

Fläche 23,5 qm inkl. Speisekammer

Kosten 19 000 €

Klein und kompakt
Unterm Dach
Ohne Wand mehr Raum
Schnittstelle
Intelligent integriert
Bunte Boxen
Farbspiel
En passant
Einzeiler
Die kleine Schwarze
Heizkörperbild
Lichtdurchflutet
Schlicht
Massiv schwebend
Stilvoll in Stahl
Gestreckt
Rheinblick
Feuerstelle
Archetypisch
Sachlich-kühl
Professionell
Oberlicht
Klare Linie
Rollbar
Kubisch
Skulptural
Eleganter Aufschwung
Gekantet und gefaltet
Findling
Kontraste
Viel dahinter
Glänzende Aussichten
In Spanien
Raum (fast) ohne Ende
Hochwertig
Geschwungen

Seiten 66 67

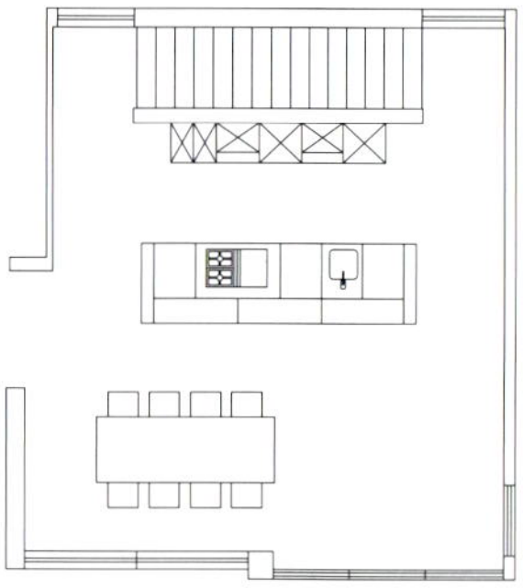

Die hochwertige handwerkliche Verarbeitung zeigt sich besonders in den Details.

Massiv verleimter Nussbaum mit Edelstahladern in den Fronten

Küche in Nussbaum Ein massiver, wuchtiger Kochblock und ein filigranes, an der Wand hängendes Ensemble aus Hochschränken: diese Küche beschränkt sich auf das Wesentliche und verzichtet trotzdem auf nichts. Der Raum erhält durch die zentrale Anordnung des Ensembles eine großzügige und entspannte Atmosphäre. Die Hängeschränke integrieren Stauraum, Mikrowelle, Kühlschrank und bieten eine Arbeitsfläche. Auf dem Kochblock gegenüber befindet sich das Kochfeld mit einem Abzug, der den Dunst nach unten absaugt, daneben die Spüle. Zur Wohnraumseite hin enthält er Auszüge für Geschirr und Besteck. Beim Kochen

hat man immer den Raum mit Esstisch und Fensterfront im Blick. Die Besonderheit des Küchenblocks ist seine Ausführung in massivem deutschem Nussbaum, dessen lebhafte Struktur in einem reizvollen Kontrast zu den übrigen, eher künstlichen bzw. technischen Materialien steht. Spüle, Kochfelder und Abzugsöffnungen aus Edelstahl sind in eine schwarze Granitplatte des Typs Nero Assoluto eingelassen, die flächenbündig in die Holzoberfläche integriert ist. Die Arbeitsfläche an der Wand besteht aus demselben Stein. Die Rückwand ist ganzflächig mit Glas verkleidet, die Schränke sind hochglänzend weiß lackiert.

Planung und Ausführung willi bruckbauer – küchenideen im werkhaus

Ort Landshut

Fertigstellung 2006

Fläche 9 qm

Kosten k. A.

Klein und kompakt
Unterm Dach
Ohne Wand mehr Raum
Schnittstelle
Intelligent integriert
Bunte Boxen
Farbspiel
En passant
Einzeiler
Die kleine Schwarze
Heizkörperbild
Lichtdurchflutet
Schlicht
Massiv schwebend
Stilvoll in Stahl
Gestreckt
Rheinblick
Feuerstelle
Archetypisch
Sachlich-kühl
Professionell
Oberlicht
Klare Linie
Rollbar
Kubisch
Skulptural
Eleganter Aufschwung
Gekantet und gefaltet
Findling
Kontraste
Viel dahinter
Glänzende Aussichten
In Spanien
Raum (fast) ohne Ende
Hochwertig
Geschwungen

Blick vom Eingang auf Küche, Wohnbereich und Balkon

In die Edelstahlarbeitsfläche sind Kochfeld, Abzugsöffnungen und Spülbecken eingelassen.

Konsequent offen – Nicht einmal der Schlafbereich ist abgetrennt.

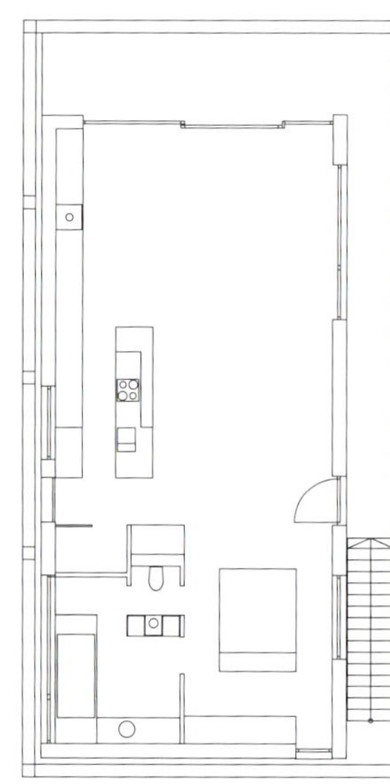

Küche in einem Einraumhaus In diesem Einraumhaus war das offene Wohnen Grundlage für alle gestalterischen Entscheidungen. Selbst das Bett steht offen im Raum, nur Bad und WC sind abgetrennt. Auch die Küchentheke ist frei angeordnet. Sie liegt dem Eingang gegenüber, mit Blick auf Wohnraum, Terrasse und in die Umgebung. Dahinter, an der Längswand des Raumes, befindet sich ein Hochschrank, in den auf der linken Seite die technischen Geräten integriert sind. Seine rechte Front ist als Schiebetür ausgebildet, die in einer Schiene in der Decke läuft und als ganzes Element verschoben werden kann. Die Theke beinhaltet zwei Spülbecken, ein Ceran-Kochfeld und einen in die Arbeitsplatte eingelassenen

Dunstabzug, der nach unten absaugt. Fast alle Unterschränke sind mit Griffnuten versehen, sodass die Fronten als einheitliche Fläche erscheinen.
Die Materialien sind auf den Gesamtraum abgestimmt. Wie die Möbel im Schlafbereich sind die Korpusse vertikal mit Rüster (Ulme) furniert, die Schiebetür in weißem Schleiflack passend zu den Garderobenschränken ausgeführt. Die Arbeitsfläche aus 10 mm starkem, hochglänzendem Edelstahlblech kontrastiert mit der Theke aus ebenso dicken, gewalzten Stahlblechen in dunkelgrauer Zunderfarbe. Um die natürliche Färbung des Metalls zu erhalten, wurde es nur geölt.

Planung Früh Architekten
Ausführung Tischlerei Hutle
Ort Hard/Vorarlberg/A
Fertigstellung 2001
Fläche 12 qm inkl. Bereich vor der Theke
Kosten 18 000 €

Klein und kompakt
Unterm Dach
Ohne Wand mehr Raum
Schnittstelle
Intelligent integriert
Bunte Boxen
Farbspiel
En passant
Einzeiler
Die kleine Schwarze
Heizkörperbild
Lichtdurchflutet
Schlicht
Massiv schwebend
Stilvoll in Stahl
Gestreckt
Rheinblick
Feuerstelle
Archetypisch
Sachlich-kühl
Professionell
Oberlicht
Klare Linie
Rollbar
Kubisch
Skulptural
Eleganter Aufschwung
Gekantet und gefaltet
Findling
Kontraste
Viel dahinter
Glänzende Aussichten
In Spanien
Raum (fast) ohne Ende
Hochwertig
Geschwungen

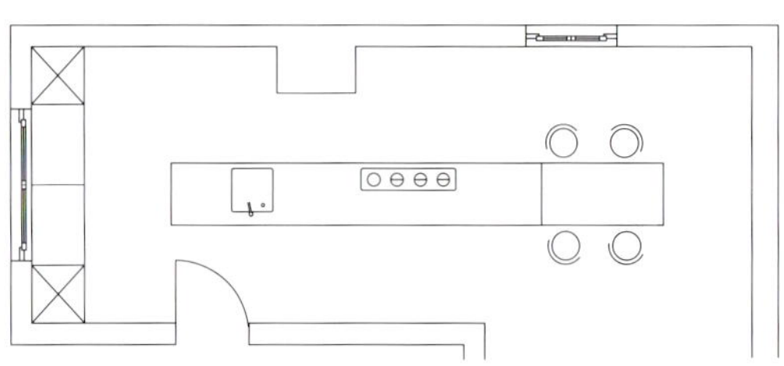

Mit ihrer extrem lang gestreckten Form betont die schmale Kochinsel den Zuschnitt des Raums.

Der massive Esstisch bildet die Verlängerung der Kochinsel.

Gestreckt

Wohnküche mit viel Platz Die Küche ist das Ergebnis des Umbaus eines Wohnhauses, bei dem eine Wand der ehemaligen Küche entfernt wurde. Dies erklärt den ungewöhnlich lang gestreckten Grundriss. Die Planer nutzten diese schwierige Situation geschickt, indem sie die Länge des Raums thematisierten und ihm eine klare Aufteilung gaben.

An der Stirnseite am Fenster befindet sich eine Arbeitsfläche, links und rechts davon je ein Geräteturm mit Backofen und Dampfgarer bzw. Kühlschrank. Ein langer, frei im Raum stehender Riegel vereint Arbeitsfläche, Spüle und Gaskochfeld und setzt sich bis in den Essraum hinein fort, wo in direkter Verlängerung der Esstisch anschließt. Da dieser niedriger ist

als die weit auskragende Anrichte, kann er platzsparend darunter geschoben werden. Unterstützt wird die Längsausrichtung des Raumes durch den Deckenkanal mit integrierter Abluft und Lichttechnik.

Die minimalistische Formensprache setzt sich in der Materialwahl und Detailausbildung fort. In die Arbeitsflächen aus hochglänzend poliertem Edelstahl sind Spüle und Gaskoch felder flächenbündig eingeschweißt. Ofen und Dampfgarer nehmen den Edelstahl auf, die Möbelfronten glänzen in weißem Hochglanzlack. Der Esstisch in Nussbaum ist auf vertikale und horizontale Flächen reduziert.

Planung und Ausführung
Küchenkunst Kohl

Ort Reutlingen

Fertigstellung 2005

Fläche 17 qm

Kosten 34 000 €

Klein und kompakt
Unterm Dach
Ohne Wand mehr Raum
Schnittstelle
Intelligent integriert
Bunte Boxen
Farbspiel
En passant
Einzeiler
Die kleine Schwarze
Heizkörperbild
Lichtdurchflutet
Schlicht
Massiv schwebend
Stilvoll in Stahl
Gestreckt
Rheinblick
Feuerstelle
Archetypisch
Sachlich-kühl
Professionell
Oberlicht
Klare Linie
Rollbar
Kubisch
Skulptural
Eleganter Aufschwung
Gekantet und gefaltet
Findling
Kontraste
Viel dahinter
Glänzende Aussichten
In Spanien
Raum (fast) ohne Ende
Hochwertig
Geschwungen

Eine raumhohe Schiebetür verbindet Küche und Dachterrasse.

Theke mit Barhockern – Die Arbeitsplatte aus Grauwacke ist über die Kochinsel hinaus verlängert.

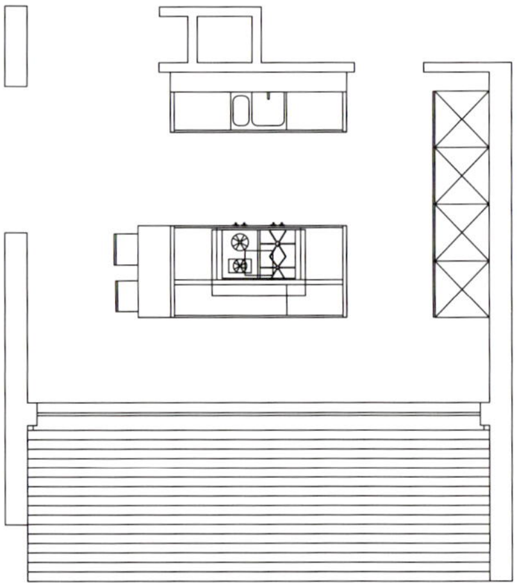

Rheinblick

Küche in Aluminiumblech Diese einfach und klar gegliederte Küche in einer Dachgeschosswohnung besteht aus einer frei stehenden Kochinsel, einer Spülfläche mit zwei Ablageborden an der rückwärtigen und einer Kombination von Hochschränken an der seitlichen Wand. In diesem Block befinden sich Mikrowelle, Backofen, Kühlschrank und der notwendige Stauraum. An der Kochinsel ist eine kleine Bar ausgebildet, von der aus man über die Dachterrasse bis hin auf den Rhein weit blicken kann. Eine raumhohe Glasschiebetür ver-

bindet den Küchenraum mit der Terrasse, die bei schönem Wetter einen großzügigen Essplatz im Freien bietet.

Eine reduzierte und klare Anmutung herrscht auch bei Materialien und Farben vor, die die Planer sehr bewusst und sorgfältig gewählt haben. Weiß-, Grau- und Metalltöne gehen in dieser Küche eine minimalistische Synthese ein: Die Arbeitsflächen bestehen aus 4 cm starker Grauwacke, die sichtbaren Fronten der technischen Geräte und Einbauten sowie die

Silbrig-weiß schimmernde Oberflächen aus Aluminium sowie ruhige Weiß- und Grautöne unterstreichen die schlichte Eleganz der Küche.

Seiten 74 75

Rheinblick

Griffe und Sockel – eine Sonderanfertigung – aus Edelstahl. Die Fronten von Möbeln und Ablageborden sind rundum mit seidenmatt glänzendem Aluminiumblech belegt. Durch die beiden kontrastierenden Metalloberflächen – seidenmatt und glänzend – erhalten die Einbaugeräte eine zusätzliche Akzentuierung.

In der abgehängten Decke sind Abluftführung und Beleuchtung integriert. Die Leuchten sind als Downlights in einem gleichmäßigen Raster verteilt und versorgen Arbeitsflächen

und Bewegungszonen gleichermaßen mit Licht. Einen warmen Kontrast zur kühlen Wirkung des Küchenmobiliars bildet der Parkettboden aus Teakholz.
Die genau aufeinander abgestimmten, hochwertigen Materialien und fein differenzierten Farben der Küche schaffen ein zurückhaltendes, edles und zugleich selbstbewusstes Ambiente getreu dem Leitspruch der Planer, dass das Einfache nicht immer das Beste, aber das Beste immer einfach ist.

Entwurf rother's maßnahme
Ausführung eggersmann küchen
Ort Köln
Fertigstellung 2006
Fläche 17,5 qm
Kosten 40 000 €

Klein und kompakt
Unterm Dach
Ohne Wand mehr Raum
Schnittstelle
Intelligent integriert
Bunte Boxen
Farbspiel
En passant
Einzeiler
Die kleine Schwarze
Heizkörperbild
Lichtdurchflutet
Schlicht
Massiv schwebend
Stilvoll in Stahl
Gestreckt
Rheinblick
Feuerstelle
Archetypisch
Sachlich-kühl
Professionell
Oberlicht
Klare Linie
Rollbar
Kubisch
Skulptural
Eleganter Aufschwung
Gekantet und gefaltet
Findling
Kontraste
Viel dahinter
Glänzende Aussichten
In Spanien
Raum (fast) ohne Ende
Hochwertig
Geschwungen

Seiten 76 77

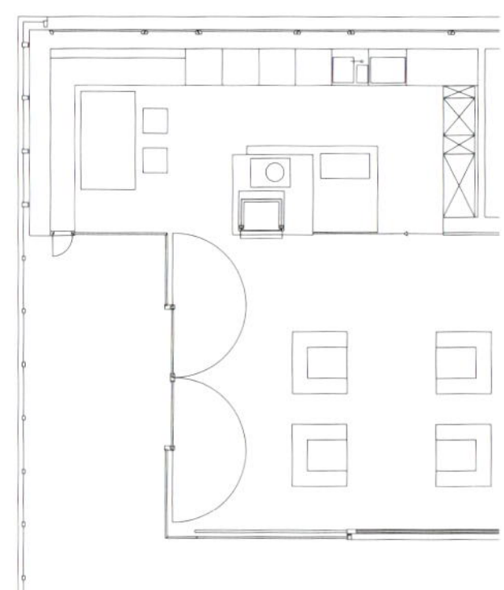

Viel Stellfläche bietet das lange Bord unter dem Fenster.

Archetypisch – Feuer und Herd zwischen Küche und Wohnraum

Feuerstelle

Küche mit Kamin Diese Küche bildet zusammen mit dem Essplatz einen Raum, ein durchlaufendes Fensterband unterstreicht diese Verbindung. Die Küchenzeile ist L-förmig um einen offenen Kamin mit Kochinsel angeordnet, an einer der Stirnseiten befindet sich der Essplatz mit eingebauter Sitzbank. Offene Durchgänge auf beiden Seiten des Kamins leiten zum Wohnbereich über.

In der Kochinsel gehen offenes Feuer und »technisch« erzeugte Hitze des Herds eine passende Verbindung ein. Die Zeile an der rückwärtigen Schmalseite enthält die technischen Geräte in matt schimmerndem Edelstahl. Die Fronten des Mobiliars sind in schlichtem, kalk-

grauem Linoleum ausgeführt und werden lediglich durch horizontale Griffnuten betont, die ebenso wie der Parkettboden aus Jotoba-Holz gefertigt sind.
Massive Arbeitsplatten aus 8 cm dickem Terrazzo verleihen der Küche eine robuste Ausstrahlung. Die feine Struktur der geschliffenen und versiegelten Oberfläche ist im Alltagsgebrauch unempfindlich. Zwischen Arbeitsfläche und Fensterband ist die Wand mit einer Verbundsicherheitsglasscheibe verkleidet, die rückseitig mit einer matten Folie beklebt ist. Die künstliche Beleuchtung ist nur dort angebracht, wo sie zum Arbeiten benötigt wird: in der Glasverkleidung als Hinterleuchtung und über dem Kochfeld im Dunstabzug.

Planung
Bembé + Dellinger Architekten

Ausführung
Schreinerei Gerhard Huber (Schreinerarbeiten),
Betonwerk Bayer (Betonarbeiten)

Ort Utting/Ammersee

Fertigstellung 2004

Fläche 13 qm **Kosten** 22 000 €

Klein und kompakt
Unterm Dach
Ohne Wand mehr Raum
Schnittstelle
Intelligent integriert
Bunte Boxen
Farbspiel
En passant
Einzeiler
Die kleine Schwarze
Heizkörperbild
Lichtdurchflutet
Schlicht
Massiv schwebend
Stilvoll in Stahl
Gestreckt
Rheinblick
Feuerstelle
Archetypisch
Sachlich-kühl
Professionell
Oberlicht
Klare Linie
Rollbar
Kubisch
Skulptural
Eleganter Aufschwung
Gekantet und gefaltet
Findling
Kontraste
Viel dahinter
Glänzende Aussichten
In Spanien
Raum (fast) ohne Ende
Hochwertig
Geschwungen

Seiten 78 79

Archetypisch

Küche in Granit Kontrastreich, kühl und monumental gibt sich die Küche und beweist, dass sich diese Attribute nicht notwendigerweise auf die Ausmaße beziehen müssen. Die beiden Zeilen werden an der Schmalseite von einem in die Wand eingebauten Schrank mit der Mikrowelle begrenzt. Diese ungewöhnliche Aufteilung stärkt die kraftvolle Wirkung der beiden Blöcke.

Die Zeile an der Wand besteht aus Kühl- und Backturm sowie einem Block mit Arbeitsfläche, Cerankochfeld und einem kleinen zusätzlichen Spülbecken. Am frei stehenden Arbeitsblock gegenüber kann von beiden Seiten gearbeitet werden. Eine Hälfte der Arbeitsplatte nimmt

Die bruchraue Kante der Granitplatten unterstreicht deren fast archaische Wirkung.

Spart Fläche – An der Kochinsel von einem Meter Tiefe kann man von beiden Seiten aus arbeiten.

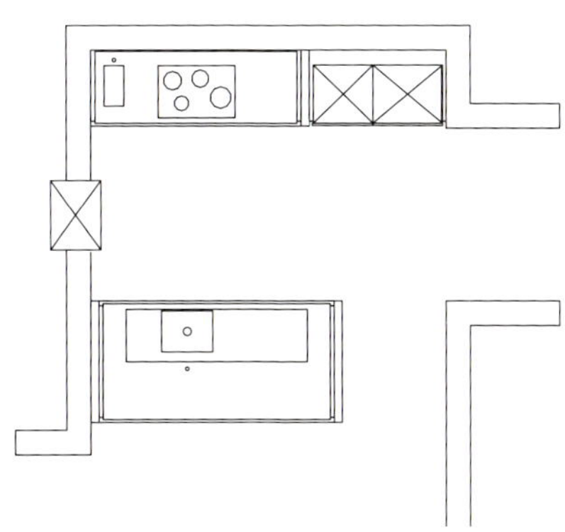

ein langes, schmales Band mit Spüle und Abtropffläche ein, das außerdem ein Schneidebrett und Tablare enthält.

Außergewöhnlich sind die verwendeten Materialien und ihre dezente Farbigkeit: hochglänzende, weiß lackierte Fronten, eingefasst von massiven Gewänden aus Granit. Die Arbeitsflächen bestehen aus grünlichen, mattierten Sicherheitsglasscheiben, deren Farbe sich je nach Lichtverhältnissen ändert. Der Kontrast zwischen dem Naturstein mit seinen bruchrauen Kanten und den technisch-perfekten Oberflächen von Edelstahl, Glas und Lack verleiht der Küche einen besonderen Reiz.

Planung und Ausführung Kambium

Ort Köln

Fertigstellung 2004

Fläche 14 qm

Kosten k. A.

Klein und kompakt
Unterm Dach
Ohne Wand mehr Raum
Schnittstelle
Intelligent integriert
Bunte Boxen
Farbspiel
En passant
Einzeiler
Die kleine Schwarze
Heizkörperbild
Lichtdurchflutet
Schlicht
Massiv schwebend
Stilvoll in Stahl
Gestreckt
Rheinblick
Feuerstelle
Archetypisch
Sachlich-kühl
Professionell
Oberlicht
Klare Linie
Rollbar
Kubisch
Skulptural
Eleganter Aufschwung
Gekantet und gefaltet
Findling
Kontraste
Viel dahinter
Glänzende Aussichten
In Spanien
Raum (fast) ohne Ende
Hochwertig
Geschwungen

Filigrane Stahlträger und transparente Glasböden sorgen für kühle Eleganz.

Die Materialwahl der Küche ist sorgfältig auf das architektonische Konzept des Wohnhauses abgestimmt.

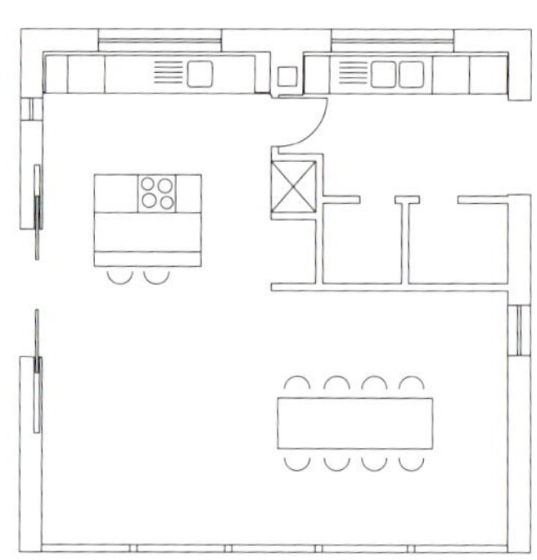

Sachlich-kühl

Inselküche in einem Wohnhaus Dass sich die Küche wie selbstverständlich in die sachliche Architektur des Wohnhauses einfügt, die von weißem Putz, Stahl und Glas geprägt ist, ist der Tatsache zu verdanken, dass beides von den Architekten geplant wurde.
Die Küche öffnet sich vollständig zum Essraum, nur eine Kochinsel trennt die beiden Bereiche voneinander. Raumhohe, schwarz lackierte Schiebewände führen zum Eingangsbereich des Hauses. In einer Wandnische hinter der Kochinsel befindet sich eine Zeile mit Arbeitsfläche, Backofenkombination und Hochschrank. In der Seitenwand führt eine Tür zur

Speisekammer, eine zweite Zeile daneben integriert die Kühl- und Gefrierkombination sowie eine weitere Arbeitsfläche, die durch einen Rollladen verschließbar ist.
Die sachliche und kühle Architektursprache setzt sich in den Materialien der Küche fort. Fronten und Sockel sind mit grauem HPL-Kunststoff belegt oder bestehen – ebenso wie die Griffstangen – aus Edelstahl. Die Arbeitsfläche der Kochinsel ist aus hochglänzend poliertem Stein gefertigt, diejenige an der Wand aus einer Multiplex-Furnierplatte mit Edelstahlauflage, in die das Spülbecken eingeschweißt ist.

Planung landau + kindelbacher
Ausführung bulthaup
Ort München
Fertigstellung 2002
Fläche 17,5 qm zzgl. Speisekammer
Kosten 30 000 €

Klein und kompakt
Unterm Dach
Ohne Wand mehr Raum
Schnittstelle
Intelligent integriert
Bunte Boxen
Farbspiel
En passant
Einzeiler
Die kleine Schwarze
Heizkörperbild
Lichtdurchflutet
Schlicht
Massiv schwebend
Stilvoll in Stahl
Gestreckt
Rheinblick
Feuerstelle
Archetypisch
Sachlich-kühl
Professionell
Oberlicht
Klare Linie
Rollbar
Kubisch
Skulptural
Eleganter Aufschwung
Gekantet und gefaltet
Findling
Kontraste
Viel dahinter
Glänzende Aussichten
In Spanien
Raum (fast) ohne Ende
Hochwertig
Geschwungen

Seiten 82 83

Freier Durchgang – Stahlträger zwischen Küche und Essraum

Rot lackierte Glasflächen kontrastieren mit den Fronten in Edelstahl und Zebranofurnier.

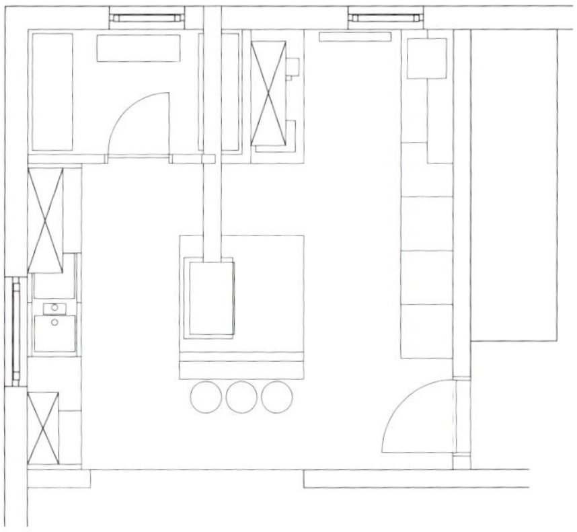

Professionell

Küche in Zebrano Diese großzügige, offene Küche bietet genügend Raum für eine Speisekammer, Koch- und Arbeitszeilen an den Wänden und eine zum Essraum hin gerichtete Kochinsel mit Bar in der Mitte. Mehrere Personen können hier gemeinsam kochen.
Die Aufteilung der Elemente orientiert sich an professionellen Küchen und sorgt für klare, effiziente Abläufe. An einer der Wände befindet sich am Fenster die Vorbereitungsfläche mit Spüle und Geschirrspülmaschine, direkt gegenüber auf der zentralen Kochinsel der Herd,

von dem aus Töpfe und Pfannen zum Anrichten der Speisen auf die Arbeitsfläche geschoben werden können. Dies geschieht vom Essraum aus nicht sichtbar verdeckt hinter der Bar. Die Zeile an der gegenüberliegenden Wand besteht aus einem Block mit Hochschränken mit Kühl- und Backgeräten, der an seiner Stirnseite Richtung Fenster von einer höhenverstellbaren Arbeitsfläche mit einem zweiten Spülfeld verlängert wird. So kann jeder Nutzer die für seine Körpergröße ergonomisch richtige Höhe einstellen.

Griffleisten aus Edelstahlprofilen

Richtungswechsel des hell dunklen Zebranofurniers an den Kanten

Aufkantung der Arbeitsfläche an der Kochinsel

Die andere Seite – Ruhige Wirkung durch zurückhaltende Farbigkeit

Seiten 84 85

Professionell

Kontrastreich und gezielt eingesetzt sind Materialien, Farbe und Oberflächen: In die auf Multiplex Furnierplatten montierten Arbeitsflächen aus Edelstahlblech sind die Spülbecken flächenbündig eingeschweißt. Die Bleche sind zur Wand hin aufgekantet, sodass eine an geformte und dichte Abschlussleiste entsteht. Darüber dient eine tiefrot lackierte Glas scheibe als Wandverkleidung. Die Oberschränke haben ebenfalls Glasfronten, allerdings sind sie satiniert und dadurch transluzent. Alle Einbauten stehen auf einem zum Boden

belag passenden Sockel aus dunkelgrauem Schiefer, der einen ruhigen Gegenpol zum lebhaften, horizontal verarbeiteten Zebranofurnier der übrigen Oberflächen bildet. Die Gerätefronten sowie einige Auszüge und Türen sind in mattem Edelstahl ausgeführt. Das künstliche Licht kommt ausschließlich von oben. Die Leuchten sind auf der Unterseite der Oberschränke angebracht, an der Decke und der Dunstabzugshaube, die besonders geräuscharm arbeitet, da sich der Motor separat in der Speisekammer befindet.

Planung InnenGestaltung Oßwald
Ausführung Schreinerei Strasser
Ort Massenhausen
Fertigstellung 2004
Fläche 23,5 qm inkl. Speisekammer
Kosten 42 000 €

Klein und kompakt
Unterm Dach
Ohne Wand mehr Raum
Schnittstelle
Intelligent integriert
Bunte Boxen
Farbspiel
En passant
Einzeiler
Die kleine Schwarze
Heizkörperbild
Lichtdurchflutet
Schlicht
Massiv schwebend
Stilvoll in Stahl
Gestreckt
Rheinblick
Feuerstelle
Archetypisch
Sachlich-kühl
Professionell
Oberlicht
Klare Linie
Rollbar
Kubisch
Skulptural
Eleganter Aufschwung
Gekantet und gefaltet
Findling
Kontraste
Viel dahinter
Glänzende Aussichten
In Spanien
Raum (fast) ohne Ende
Hochwertig
Geschwungen

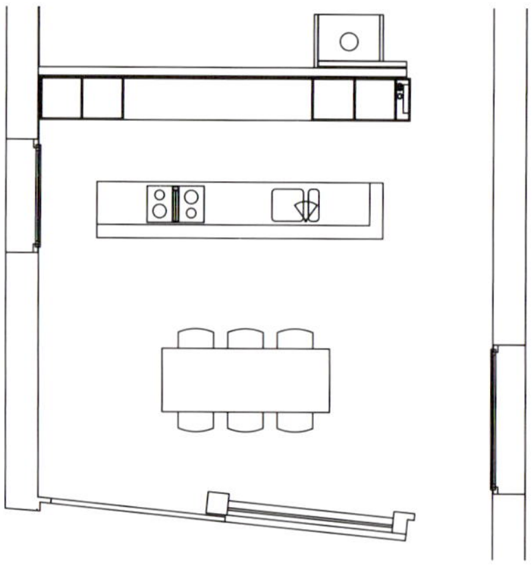

Oberlicht

Küche in Eiche Diese kubisch und klar gegliederte Küche bildet den Übergang vom eingeschossigen Essplatz zum eineinhalb Geschosse hohen Wohnraum eines Einfamilienhauses. Der Höhensprung schafft eine großzügige räumliche Wirkung, verstärkt durch das von oben einfallende Tageslicht. Die hohe Rückwand der Küche, die das Dach zu stützen scheint (was in Wirklichkeit eine Stahlstütze übernimmt), trennt die beiden Bereiche voneinander. Die davor gelegene Theke bringt Ruhe in den Essraum. Benutztes Geschirr kann einfach hinter der hochgezogenen Bar verschwinden. In der Mitte der rückwärtigen

Das horizontal verlaufende Eichenfurnier verleiht der Küche Ruhe.

Um ein gleichmäßiges Bild zu erhalten, ist die Front der Bar aus massiven Eichenleisten zusätzlich furniert.

Von oben fällt Tageslicht auf die Bar.

Schrankwand mit Backofen und Kühlschrank befindet sich eine rechteckige Aussparung mit einer Arbeitsfläche, deren Rückwand mit einer rückseitig schwarz lackierten Glasplatte versehen ist. Dadurch entsteht eine leicht spiegelnde Tiefe.
Die Arbeitsflächen und Aufkantungen bestehen aus 6 mm starkem Edelstahlblech, in das die Spüle eingeschweißt ist. Alle Sichtflächen sind mit matt lackiertem Eichenholz furniert, die Bar ist aus massiver Eiche gefertigt. Die horizontal verlaufende Maserung nimmt der Küche etwas an Höhe und lässt die Flächen großzügig wirken.

Entwurf philip lutz
Ausführung Tischlerei Flatz
Ort Bregenz/A
Fertigstellung 2006
Fläche 14,5 qm
Kosten 22 000 €

Klein und kompakt
Unterm Dach
Ohne Wand mehr Raum
Schnittstelle
Intelligent integriert
Bunte Boxen
Farbspiel
En passant
Einzeiler
Die kleine Schwarze
Heizkörperbild
Lichtdurchflutet
Schlicht
Massiv schwebend
Stilvoll in Stahl
Gestreckt
Rheinblick
Feuerstelle
Archetypisch
Sachlich-kühl
Professionell
Oberlicht
Klare Linie
Rollbar
Kubisch
Skulptural
Eleganter Aufschwung
Gekantet und gefaltet
Findling
Kontraste
Viel dahinter
Glänzende Aussichten
In Spanien
Raum (fast) ohne Ende
Hochwertig
Geschwungen

Abluft und Beleuchtung sind in der abgehängten Decke integriert.

Die Arbeitsfläche aus Quarzwerkstoff ist härter als Granit und nahezu unverwüstlich.

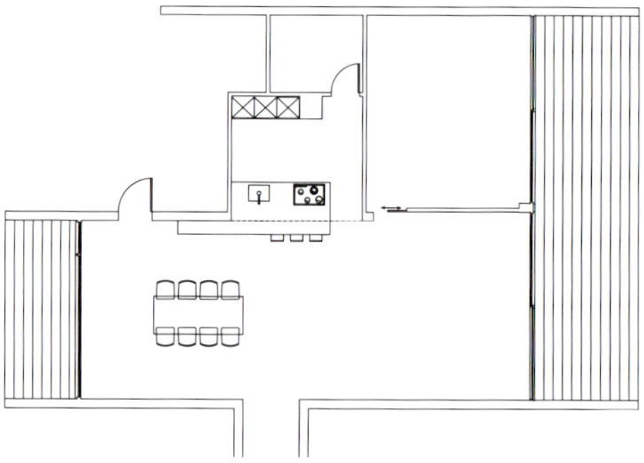

Küche in einer Nische Ablage, Arbeitsfläche, Wand und Durchgang: auf diese (innen-) architektonischen Elemente lässt sich diese Küche reduzieren, die viel eher an eine Kaffeebar erinnert als an einen Ort, an dem gekocht und gearbeitet wird. Durch eine reduzierte Deckenhöhe ist die offene Küche klar als eigener Bereich zu erkennen, der in einer Art Raumnische verschwindet. Eine durchlaufende Theke schafft eine Verbindung zum Wohn- und Essraum. Elegant wird das Bord vor der seitlich an die Nische anschließenden Wand

fortgesetzt und von einem darunter montierten, horizontal verlaufenden Sideboard sowie einer bis auf den Boden gezogenen Wange am Durchgang zur Küche akzentuiert. Ein Block mit Hochschränken schafft an der Rückwand eine dunkle, ruhige Fläche, die dem Raum Tiefe verleiht und sich in Form und Material auf das Sideboard unter der Theke bezieht. Er enthält Backofen, Kühlschrank und Stauraum in ergonomisch sinnvoller Höhe. Daneben geht es in eine kleine Speisekammer, die hilft, die Küche immer in einem aufgeräumten Zustand zu

Helle und dunkle Rechtecke in unterschiedlichen Formaten ergeben eine spannungsreiche Komposition.

Klare Linie

halten. Der reduzierte Gestus wird durch die Materialien und deren Farbigkeit geschickt verstärkt: reines Weiß für Wände, Decken und Türen, hellgraue Keramik als Bodenbelag, Edelstahl für alle sichtbaren technischen Geräte und dunkles Grau für die Arbeitsplatte aus Quarz-Kompositwerkstoff.

Die kühlen Töne kontrastieren mit dem warmen, honigfarbenen Teak-Parkett der Wohnräume und den mit Fineline-Furnier beschichteten Möbelfronten. Dieses Material besteht

aus verleimten Furnierschichten, aus denen wiederum Furnier geschnitten wird. Es bildet das Aussehen eines astfrei und extrem gleichmäßig gewachsenen Holzes nach und lässt so die Flächen einheitlich erscheinen. Durch die abgehängte Decke ist der unsichtbare Einbau von Lüftungs- und Beleuchtungstechnik möglich, sodass auch hier keine Leuchten, Abdeckungen und Leisten notwendig sind, die das reduzierte Erscheinungsbild der Küche stören könnten.

Entwurf rother's maßnahme

Ausführung eggersmann küchen

Fertigstellung 2006

Ort Köln

Fläche 11,5 qm
zzgl. 5 qm Abstellraum

Kosten k.A.

Klein und kompakt
Unterm Dach
Ohne Wand mehr Raum
Schnittstelle
Intelligent integriert
Bunte Boxen
Farbspiel
En passant
Einzeiler
Die kleine Schwarze
Heizkörperbild
Lichtdurchflutet
Schlicht
Massiv schwebend
Stilvoll in Stahl
Gestreckt
Rheinblick
Feuerstelle
Archetypisch
Sachlich-kühl
Professionell
Oberlicht
Klare Linie
Rollbar
Kubisch
Skulptural
Eleganter Aufschwung
Gekantet und gefaltet
Findling
Kontraste
Viel dahinter
Glänzende Aussichten
In Spanien
Raum (fast) ohne Ende
Hochwertig
Geschwungen

Seiten 92 93

Rollbar

Küche in Linoleum Die dem Eingangsbereich einer Doppelhaushälfte zugeordnete Küche bildet den Auftakt zum offenen Wohnbereich. Vom Eingang her kommend, liegen Küche und Wohnraum offen vor dem Besucher. Durch eine raumhohe Verglasung fällt der Blick in den auf der Südseite gelegenen Garten, sodass trotz der nicht außergewöhnlich großen Fläche das Gefühl von Weite entsteht.
Die Rückseite der Küche besteht aus einer Schrankwand, in die eine Tür zur Speisekammer und eine thekenartige Durchreiche zur Garderobe integriert sind. Durch einen rückwärtig

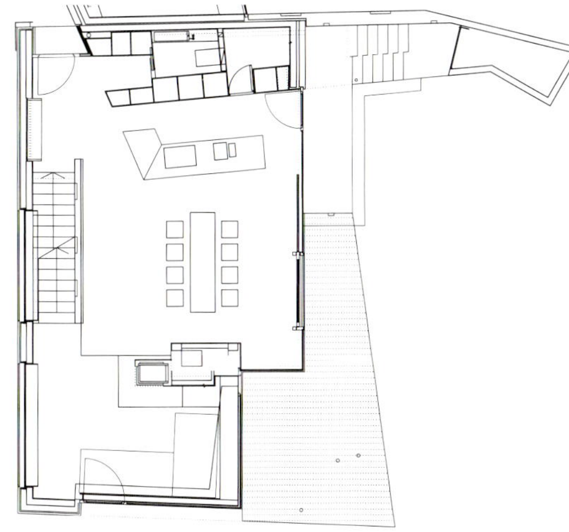

Die frei auskragende Arbeitsfläche aus Beton scheint trotz ihrer Massivität zu schweben.

angebrachten Rollladen aus Aluminium sieht diese Theke immer aufgeräumt aus. Eine frei im Raum stehende Kochinsel verbindet die Küche mit dem Essbereich. Die Arbeitsfläche ist auf der großzügigen Kochtheke zusammengefasst.
Die Theke erhält räumliche Präsenz durch die Massivität der Arbeitsplatte aus naturgrauem Beton, die zum Eingangsbereich hin um 1 m auskragt und dadurch trotz ihrer Schwere zu schweben scheint. Um sie gegen Feuchtigkeit, Ränder und Flecken zu schützen, ist die Oberfläche mit Steinöl eingelassen.

Die Bar ist auf Rollen in den horizontalen Fugen der Thekenfront gelagert und kann beliebig verschoben werden.

Seiten 94 95

Rollbar

Die Besonderheit der Küche ist die Bar aus Nussbaum, die verdeckt auf Rollen gelagert ist und entlang der Theke verschoben werden kann. Sie dient als Blende, hinter der man schmutziges Geschirr schnell verschwinden lassen kann.

Zur großzügigen Wirkung des Raums trägt insbesondere die Reduzierung auf wenige, großflächig eingesetzte Materialien bei. Der Parkettboden aus Nussbaum zieht sich fugenlos durch das gesamte Erdgeschoss. Das Holz findet sich an der Theke, am Sockel der Kochinsel,

am Umleimer unter den Möbelfronten und den horizontalen Griffnuten wieder. Alle Fronten sind mit Linoleum verkleidet, kalkgrau die der Schrankwand und schwarz die des Küchenblocks. Die künstliche Beleuchtung befindet sich in der Dunstabzugshaube, in Form von Einbau-Downlights in der Decke vor den Hochschränken und als Lichtlinie aus T16-Leuchtstoffröhren in einer 5 cm tiefen, mit satiniertem Plexiglas abgedeckten Aussparung direkt in der Sichtbetondecke.

Entwurf und Planung
Bembé + Dellinger Architekten

Ausführung
Gerhard Huber (Schreinerarbeiten),
Josef Härle (Arbeitsplatten)

Ort Dießen

Fertigstellung 2005

Fläche 15 qm

Kosten 27 000 €

Klein und kompakt
Unterm Dach
Ohne Wand mehr Raum
Schnittstelle
Intelligent integriert
Bunte Boxen
Farbspiel
En passant
Einzeiler
Die kleine Schwarze
Heizkörperbild
Lichtdurchflutet
Schlicht
Massiv schwebend
Stilvoll in Stahl
Gestreckt
Rheinblick
Feuerstelle
Archetypisch
Sachlich-kühl
Professionell
Oberlicht
Klare Linie
Rollbar
Kubisch
Skulptural
Eleganter Aufschwung
Gekantet und gefaltet
Findling
Kontraste
Viel dahinter
Glänzende Ausichten
In Spanien
Raum (fast) ohne Ende
Hochwertig
Geschwungen

Der skulpturale, minimalistische Holzkörper verbirgt eine vollständige Küche

In den Deckenbaldachin aus Edelstahl ist eine indirekte Beleuchtung integriert.

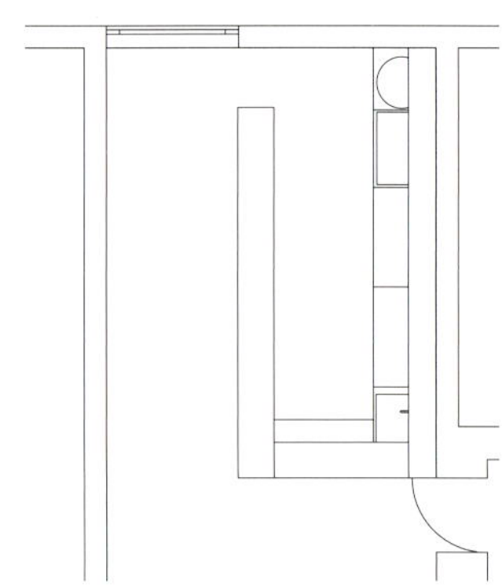

Küche in Bambus Die Küche, die der Architekt für seine eigene Wohnung entworfen hat, gibt sich offen und geschlossen zugleich. Wie eine Bar steht die halbhohe Box im Wohnraum, eine durchgehende Theke verwehrt den Blick nach innen. Beim Kochen in der auf ein Minimum an Fläche beschränkten Küche hat man den gesamten Wohnraum im Blick. Damit Gäste bequem an der Theke stehen können, löst sich der Kubus über Eck etwas vom Boden, wodurch er zu schweben scheint. Ergänzt durch einen horizontalen Lichtschlitz auf der

Stirnseite entsteht eine abstrakte Komposition im Raum. Alle Geräte sind in einer Zeile an der Wand untergebracht: Spüle, Cerankochfeld, Teppan-Yaki und Kühlschrank.
Sparsam in der Materialwahl – Bambus für Fronten und Bar sowie Edelstahl für die Arbeitsfläche mit Rückwand und den Deckenbaldachin – und zurückhaltend im Ausdruck ist dieser Maßeinbau, dessen Qualitäten sich auch in den sorgfältig geplanten und präzise umgesetzten Details zeigen. So ist der Übergang zwischen Bar und Türstock ohne optisch

Kubisch

störende Leisten oder Fugen ausgebildet und unterstreicht die Großzügigkeit des Raums. Handwerklich äußerst genau sind auch die an allen Ecken exakt auf Gehrung gearbeiteten Stöße der Stabplatten aus dunklem Bambus ausgeführt. Der Edelstahleinbau unter der Decke mit Abluft und indirekter Beleuchtung fasst die Küche formal zusammen.

Geschickt ist die Beleuchtung gelöst: Das Licht kommt indirekt und diffus von der Decke und der Wand bzw. wird direkt auf die Arbeitsfläche gelenkt, sodass keine direkte Blendung

Fließender Übergang zwischen Küche und Wohnraum

Exakt ausgearbeitete Detailpunkte am Übergang zwischen Küchenmöbel und Tür sowie an der Ecke eines Schubladenelements

entsteht. Dennoch ist die gesamte Arbeitsfläche wie auch die Bar gleichmäßig hell ausgeleuchtet.
Das Beispiel zeigt, dass eine Küche lediglich aus einer Bar bestehen kann, hinter der sich eine komplett ausgestattete und funktionierende Speisenzubereitung verbirgt. Durch den Verzicht auf Ober- und Hochschränke (und auf die üblichen Grundsätze der Küchenplanung und Ergonomie) entsteht eine großzügige und souveräne Raumwirkung.

Planung
Schlögl & Süß Architekten

Ausführung
Innenausbau Werner Keim

Ort Innsbruck/A

Fertigstellung 2005

Fläche 10 qm

Kosten 31 000 €

Klein und kompakt
Unterm Dach
Ohne Wand mehr Raum
Schnittstelle
Intelligent integriert
Bunte Boxen
Farbspiel
En passant
Einzeiler
Die kleine Schwarze
Heizkörperbild
Lichtdurchflutet
Schlicht
Massiv schwebend
Stilvoll in Stahl
Gestreckt
Rheinblick
Feuerstelle
Archetypisch
Sachlich-kühl
Professionell
Oberlicht
Klare Linie
Rollbar
Kubisch
Skulptural
Eleganter Aufschwung
Gekantet und gefaltet
Findling
Kontraste
Viel dahinter
Glänzende Aussichten
In Spanien
Raum (fast) ohne Ende
Hochwertig
Geschwungen

Seiten 100 101

Rohbau – Die Konstruktion der Küche wurde vom Bauunternehmen mitbetoniert.

Blick aus dem betonierten Kern des Hauses mit der Küche über den Wohn/Essbereich in den Garten.

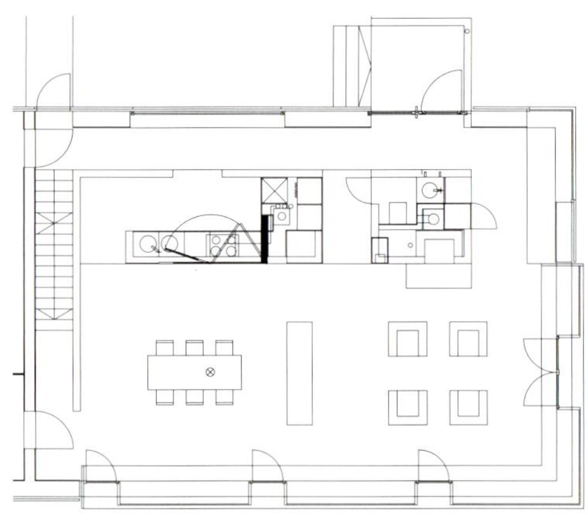

Skulptural

Küche in Sichtbeton Haus und Küche sind hier buchstäblich aus einem Guss: der Betonbauer war zugleich der Küchenbauer.

Die skulpturale Küche aus Sichtbeton ist mit Garderobe, Gäste-WC und einem offenen Kamin zu einem Block zusammengefasst, der den Flur vom großzügigen Ess- und Wohnraum trennt. Im langen Schenkel der L-förmig angeordneten Küche sind in der betonierten Arbeitsfläche Öffnungen für ein Cerankochfeld, Wasserarmatur und zwei Spülbecken ausgespart, sodass die Einbauten bündig angesetzt werden konnten. Im ebenfalls aus Beton gegossenen Oberschrank sind Dunstabzug und Arbeitsflächenbeleuchtung integriert. Die

horizontale Öffnung zwischen Bar und Oberschrank kann mit einem Klappladen verschlossen werden. An der Stirnseite befinden sich Hochschränke und Kühlgeräte.
Die Fronten sind mit grauem Kunststoff belegt, Griffe und andere Beschläge in Edelstahl und möglichst zurückhaltend ausgeführt. Dass alle Details mit besonderer Sorgfalt geplant wurden, zeigt sich unter anderem in dem Bild, das die Stoßfugen der Betonschalung hinterlassen haben. Da die Größe der Aussparung zwischen Theke und Oberschrank der einer Schalungstafel entspricht, nehmen die an der Wand weiterlaufenden Fugen genau die Kantenhöhen der beiden Elemente auf.

Planung
Bembé + Dellinger Architekten

Ausführung
Echter Holzbau (Schreinerarbeiten), Johann Staltmayer Bauunternehmen (Betonarbeiten)

Ort Mitterfischen

Fertigstellung 2004

Fläche 15 qm

Kosten k. A.

Klein und kompakt
Unterm Dach
Ohne Wand mehr Raum
Schnittstelle
Intelligent integriert
Bunte Boxen
Farbspiel
En passant
Einzeiler
Die kleine Schwarze
Heizkörperbild
Lichtdurchflutet
Schlicht
Massiv schwebend
Stilvoll in Stahl
Gestreckt
Rheinblick
Feuerstelle
Archetypisch
Sachlich-kühl
Professionell
Oberlicht
Klare Linie
Rollbar
Kubisch
Skulptural
Eleganter Aufschwung
Gekantet und gefaltet
Findling
Kontraste
Viel dahinter
Glänzende Aussichten
In Spanien
Raum (fast) ohne Ende
Hochwertig
Geschwungen

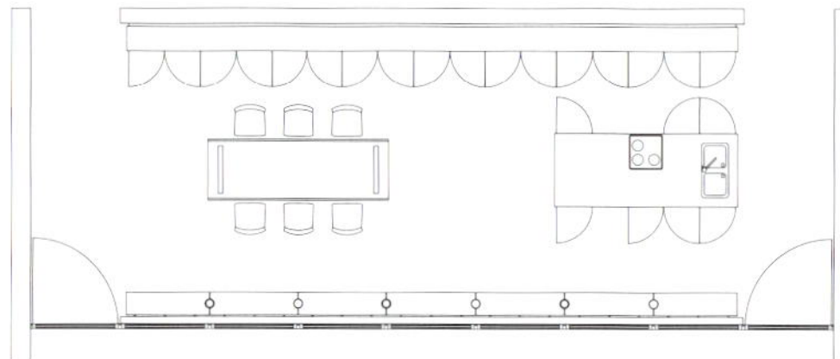

Die Bank über dem Heizkörper ist ebenfalls in Zebrano furniert und nimmt konsequent die Formensprache der Küche auf.

Die scheinbar schwebende Kücheninsel mit fugenlos eingeschweißten Spülbecken

Feuerwerk – Das Wandbild der Künstlerin Elke Haarer bildet einen leuchtenden Raumabschluss.

Moderne Wohnküche Im Mittelpunkt des umfangreichen Umbaus eines Büro- und Geschäftshauses zu einem Wohnhaus stand dessen Küche, die – als großzügiges Zentrum und kommunikatives Forum angelegt – den Typus der Wohnküche neu interpretiert.
Der lang gestreckte, 66 qm große Raum wird auf der Längsseite von zwei Türen vom Eingangsbereich des Hauses aus erschlossen und auf der gegenüberliegenden Seite von einer original erhaltenen Glasfassade begrenzt, die den freien Blick in den Garten bietet.

Dreh- und Angelpunkt der Raumkomposition bildet die frei stehende Kochinsel, die die vordere Raumhälfte dominiert. Das Möbel bezieht seine monolithische Wirkung aus seiner Form und Oberfläche. Einseitig auf einem unauffälligen Holzsockel gelagert, löst es sich, einem Schiffsrumpf ähnlich, weit auskragend vom Boden und wirkt dadurch trotzdem leicht. Um Arbeitsfläche und die beiden Stirnseiten zieht sich ein Edelstahlblech, das am Sockel abschließt; die rund ausgebildeten Ecken verstärken die bandartige Wirkung. Da frei im Raum

Das zehn Meter lange Sideboard erinnert an einen Einbaum.

Eleganter Aufschwung

gekocht und gespült wird, sind weder Fliesen noch anderer Spritzwasserschutz erforderlich. Um dem Gestus des Raumes zu folgen und dessen Ausdruck zu steigern, entwarf der Innenarchitekt ein etwa 10 m langes, an der Wand montiertes Sideboard zwischen den beiden Türen. Das Möbel greift die Schiffsmetapher auf: »Bug und Heck« laufen unten, wie bei der Kücheninsel, zu den Enden hin ansteigend aus und unterstreichen so seinen schwebenden Charakter. Die formale Geschlossenheit dieses Möbels leitet sich ab aus dem nahtlos um die rund ausgebildeten Ecken gezogenen Band aus längs gerichtetem Zebranofurnier. Akzentu-

iert wird die lang gestreckte Form aller Einbauten durch eine an der Front horizontal durchlaufende Fuge, die Griffe an den Auszügen und Türen überflüssig macht. Der Esstisch fügt sich in die längs gerichtete Struktur des Raumes ein, die von der als Sitzbank ausgebildeten Heizkörperabdeckung unter der Glasfassade verstärkt wird.

Ein Wandbild schließt den Raum am Kopfende mit einem optischen Feuerwerk ab. Der Entwurf zeigt, dass Funktion und Form keine Widersprüche sein müssen, sondern eine Frage des Anspruchs und der Haltung sind – von Auftraggeber und Entwerfer gleichermaßen.

Planung
Marco Glashagen Innenarchitekt

Ausführung
Donhauser Einrichtung

Ort Nürnberg

Fertigstellung 2002

Fläche 66 qm

Kosten 55 000 €

Klein und kompakt
Unterm Dach
Ohne Wand mehr Raum
Schnittstelle
Intelligent integriert
Bunte Boxen
Farbspiel
En passant
Einzeiler
Die kleine Schwarze
Heizkörperbild
Lichtdurchflutet
Schlicht
Massiv schwebend
Stilvoll in Stahl
Gestreckt
Rheinblick
Feuerstelle
Archetypisch
Sachlich-kühl
Professionell
Oberlicht
Klare Linie
Rollbar
Kubisch
Skulptural
Eleganter Aufschwung
Gekantet und gefaltet
Findling
Kontraste
Viel dahinter
Glänzende Aussichten
In Spanien
Raum (fast) ohne Ende
Hochwertig
Geschwungen

Blick von der Terrasse in den offenen Wohnraum mit Küche

Formal und farblich kontrastierend – Das gefaltete Holzdach und die Linienführung der Küche mit gekanteten Blechfronten

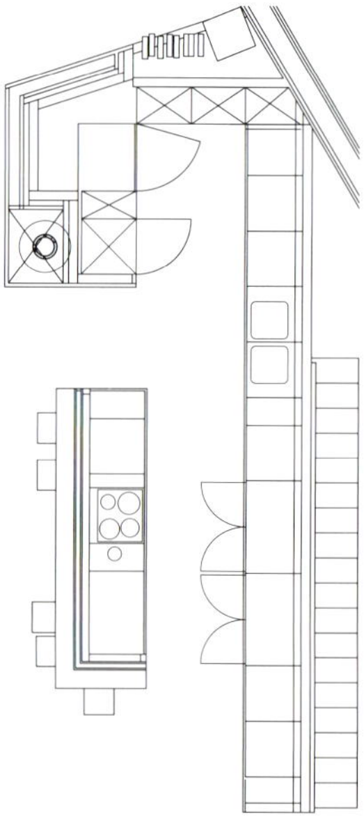

Küche mit Aussicht Außergewöhnlich ist schon das Äußere des Wohnhauses eines Architektenpaars in Panoramalage über Bregenz. Außergewöhnlich ist auch die Küche in der Wohnebene mit Blick zum Bodensee und zum Wald. Um eine wohnliche Atmosphäre in dem komplett offenen Raum zu schaffen, entschieden sich die Architekten für eine zurückhaltende Gestaltung mit warmen Materialien.

Durch den nach drei Seiten hin offenen Grundriss – die Arbeitszeilen an den Längsseiten sind thekenförmig ausgebildet – gibt es keine Trennung zwischen den Bereichen, es wird

tatsächlich in einem Raum gekocht, gegessen und gewohnt. Die Hochschränke für Kühlschrank, Wein und Geschirr sind über Eck an einer der Schmalseiten und in einer Nische hinter dem Kamin zusammengefasst, eine Schranktür verbirgt eine Mini-Speisekammer. Kochstelle und Backofen befinden sich in der Bar mit Blick zum Esstisch und darüber hinaus zum See. Einen Dunstabzug konnten sich die Architekten unter dem gefalteten Dach nicht vorstellen und ließen daher zwar vorsichtshalber eine Abluftführung nach unten einbauen, aber nicht anschließen.

Seiten 108 109

Gekantet und gefaltet

Durch die außerordentliche Größe der Küche war das Budget begrenzt. So entstand die Idee, eine gewöhnliche Einbauküche aus dem Möbelmarkt zu kaufen und durch »Tapezieren« mit Titanzinkblech zu veredeln, das mit Karosseriekleber aufgeklebt wurde. Das Metall zeigt im Lauf der Jahre eine starke Patina. Spüle und Herd sind preisgünstige Aufbauelemente, die Mischbatterie ist Standard. Einzig die Griffe sind ein besonderes Detail: aus 5 mm starken Flachstahlstreifen gefräst, in »rohem« Edelstahl, also mit leicht trüber Ober-

Ausblick aus der Küche auf die Terrasse, das Rheintal und den Bodensee

Offenes Feuer sorgt für eine wohnliche Atmosphäre.

fläche, passen sie gut zu den Oberflächen aus Titanzink. Die Beleuchtung erfolgt über Spots in der Decke. Ursprünglich waren auch Lichtleisten in verdeckten Schlitzen der Thekenabdeckung für eine technische, aber dennoch diskrete Beleuchtung vorgesehen, die dann aber nicht realisiert wurden.
Das Fichtenholz der Bar greift das Material der Decke auf und trägt in seiner massiven Ausführung besonders zur wohnlichen Wirkung der Küche bei.

Entwurf philip und annette lutz

Ausführung Möbel Lutz, Fa. Längle (Spenglerarbeiten), Günter Konzett (Schreinerarbeiten)

Ort Bregenz/A

Fertigstellung 2004

Fläche 21 qm inkl. Speisekammer und Kamin

Kosten 12 000 €

Klein und kompakt
Unterm Dach
Ohne Wand mehr Raum
Schnittstelle
Intelligent integriert
Bunte Boxen
Farbspiel
En passant
Einzeiler
Die kleine Schwarze
Heizkörperbild
Lichtdurchflutet
Schlicht
Massiv schwebend
Stilvoll in Stahl
Gestreckt
Rheinblick
Feuerstelle
Archetypisch
Sachlich-kühl
Professionell
Oberlicht
Klare Linie
Rollbar
Kubisch
Skulptural
Eleganter Aufschwung
Gekantet und gefaltet
Findling
Kontraste
Viel dahinter
Glänzende Aussichten
In Spanien
Raum (fast) ohne Ende
Hochwertig
Geschwungen

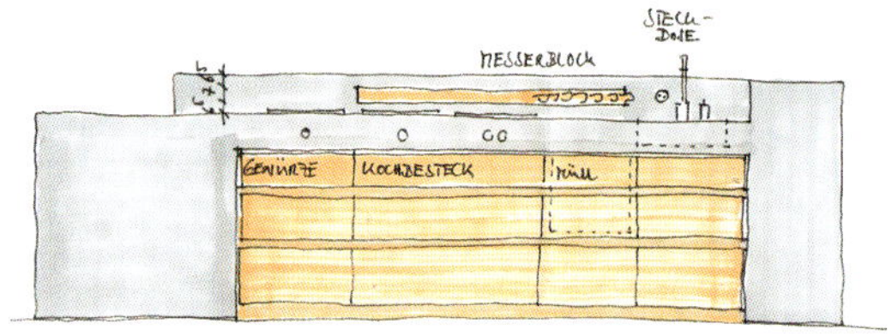

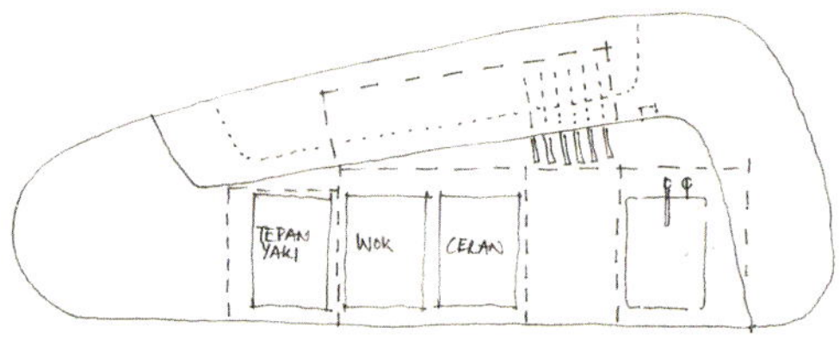

Studioaufnahmen des Findlings mit Schubladenfronten in naturfarbenem Holz

Ausblick beim Kochen in die Allgäuer Berglandschaft

Wie ein massiver Monolith wirkt die organisch geschwungene Form des Küchenblocks.

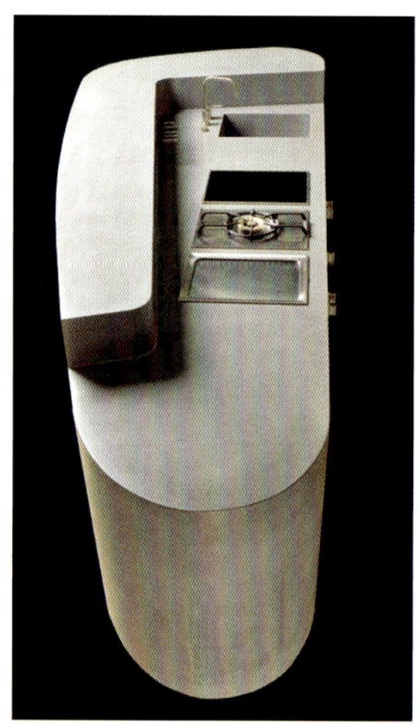

Findling

Geschwungene Küche in Beton Wie ein Findling steht das organisch geformte Küchenmöbel in der offenen Wohn- und Essebene eines Einfamilienhauses, als fugenlose Einheit aus Beton gegossen.

Obwohl die Materialstärke nur ca. 3 bis 4 cm beträgt, wiegt alleine der betonierte Körper etwa 1600 kg. Der elegant geschwungene Monolith dient hier zusammen mit einer Wand aus Hochschränken als leistungsfähige Familienküche, würde allein stehend aber auch als Single-Küche funktionieren. Ein Edelstahlfeld an der Decke, das Dunstabzug und Beleuch-

tung enthält, nimmt die organische Form des Findlings auf. In den Betonblock sind verschiedene Vario-Kochfelder integriert: Ceran, Teppan-Yaki und Wok, außerdem ein Ablaufbecken. Direkt hinter den Kochfeldern stecken die Schneidemesser in einem in die Theke integrierten Holzblock. Ein Spezial-Schneidebrett lässt sich beliebig über den Kochfeldern verschieben – so kann der Platz auch genutzt werden, wenn nicht gekocht wird. Raum für alle weiteren Kochutensilien findet sich im Unterschrank: Schubladen für Kochbesteck und Gewürze sowie Auszüge für Töpfe und Pfannen.

Planung Lucia Wiedemann

Ausführung Wiedemann Werkstätten

Ort Bad Hindelang

Fertigstellung 2006

Fläche 28 qm

Kosten k. A.

Klein und kompakt
Unterm Dach
Ohne Wand mehr Raum
Schnittstelle
Intelligent integriert
Bunte Boxen
Farbspiel
En passant
Einzeiler
Die kleine Schwarze
Heizkörperbild
Lichtdurchflutet
Schlicht
Massiv schwebend
Stilvoll in Stahl
Gestreckt
Rheinblick
Feuerstelle
Archetypisch
Sachlich-kühl
Professionell
Oberlicht
Klare Linie
Rollbar
Kubisch
Skulptural
Eleganter Aufschwung
Gekantet und gefaltet
Findling
Kontraste
Viel dahinter
Glänzende Aussichten
In Spanien
Raum (fast) ohne Ende
Hochwertig
Geschwungen

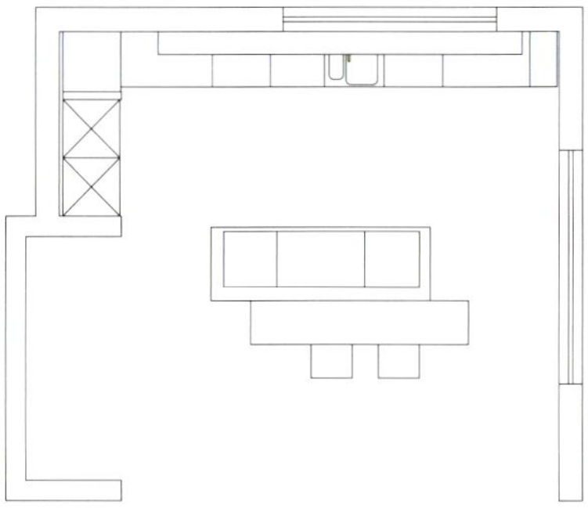

Die fingergezinkte Eckverbindung der Bar aus massivem Eichenholz betont das edle Material und die handwerklich einwandfreie Verarbeitung.

Küche mit Terrasse Die L-förmig um eine frei stehende Kochinsel organisierte Küche nimmt die gesamte Breite des offenen Koch- und Essbereichs ein. Ein Bandfenster über der Längszeile bringt Licht in den Raum. An der Stirnseite befindet sich eine Hochschrankkombination mit Backofen, Mikrowelle und Kühlschrank, auf der gegenüberliegenden Seite führt eine Glastür zur Terrasse. Zum Essplatz hin wird die Küche von einer Bar dominiert, die die Kochinsel fast vollständig verdeckt. Lebhafte Material- und Farbkontraste bestimmen

das Erscheinungsbild des Raums. Die Bar besteht aus massiver Eiche mit gezinkten Eckverbindungen. Die sachlich in weißem Hochglanzlack ausgeführten Einbauten schließen mit einer matt geschliffenen, schwarzen Granitarbeitsplatte des Typs *Nero Assoluto* ab, die Fensterbank greift den schwarzen Stein auf. Eine Glasscheibe bildet den Spritzschutz an der Wand, die Oberkante des Fensters wird durch ein auf Sturzhöhe durchlaufendes Abstellbord betont. Die technischen Geräte sind funktional und kühl in Edelstahl gehalten.

Planung und Ausführung willi bruckbauer – küchenideen im werkhaus

Ort Olching

Fertigstellung 2006

Fläche 18 qm

Kosten k. A.

Klein und kompakt
Unterm Dach
Ohne Wand mehr Raum
Schnittstelle
Intelligent integriert
Bunte Boxen
Farbspiel
En passant
Einzeiler
Die kleine Schwarze
Heizkörperbild
Lichtdurchflutet
Schlicht
Massiv schwebend
Stilvoll in Stahl
Gestreckt
Rheinblick
Feuerstelle
Archetypisch
Sachlich-kühl
Professionell
Oberlicht
Klare Linie
Rollbar
Kubisch
Skulptural
Eleganter Aufschwung
Gekantet und gefaltet
Findling
Kontraste
Viel dahinter
Glänzende Aussichten
In Spanien
Raum (fast) ohne Ende
Hochwertig
Geschwungen

Aufgeräumt – Hinter der Front aus Birnbaum verbirgt sich viel Stauraum. Davor die Kücheninsel mit Arbeitsplatte aus Grauwacke

Die horizontalen Linien laufen durch und schaffen einen klaren Bezug zum Außenraum.

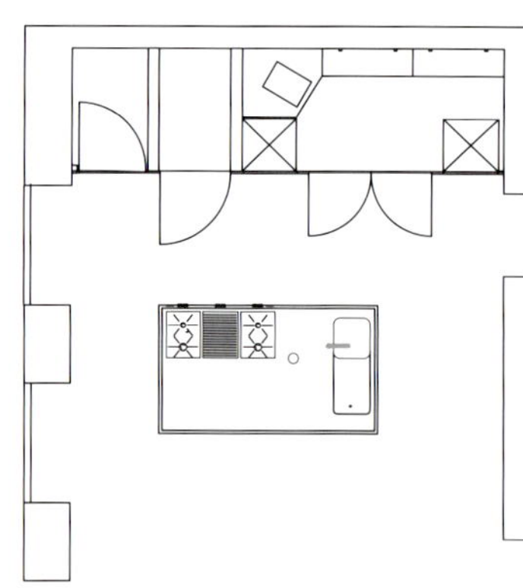

Küche in Birnbaum Ein ebenso einfaches wie überzeugendes Konzept liegt dieser Küche zugrunde. Sie ist groß genug für einen frei stehenden Koch- und Spülblock und fasst alle übrigen Funktionen in bzw. hinter einer Wand zusammen. In der großen Kochinsel (2,40 × 1,40 m) sind die Arbeitsfläche, zwei Gaskochfelder und ein Grill untergebracht, an ihrer kurzen Seite die Spüle. An den Längsseiten befinden sich Auszüge und der Geschirrspüler. Hinter der Front des Hochschranks verbirgt sich ein 1,40 m tiefer Raum mit Abstellkammer, WC und Speisekammer. In der Mitte der Front sind Backofen und Mikro-

welle angeordnet, rechts davon der Kühlschrank. Hochwertig und großzügig eingesetzt sind auch die verwendeten Materialien. Die Arbeitsfläche besteht aus 8 cm starker, massiver Grauwacke, einem Sandstein aus dem Bergischen Land, der sich durch Homogenität, einen warmen Grauton und fossile Einschlüsse auszeichnet. Die Aussparungen für Kochfelder, Spüle und Abtropffläche sind aus dem Stein herausgearbeitet. Alle Fronten sind aus Birnbaum gefertigt, einem harten Holz mit gleichmäßiger Struktur, wenigen Ästen und einem warmen, orangebraunen Farbton.

Planung und Schreinerarbeiten
Kambium

Ort Düren

Fertigstellung 2005

Fläche 24 qm
inkl. Speisekammer und WC

Kosten 45 000 €

Klein und kompakt
Unterm Dach
Ohne Wand mehr Raum
Schnittstelle
Intelligent integriert
Bunte Boxen
Farbspiel
En passant
Einzeiler
Die kleine Schwarze
Heizkörperbild
Lichtdurchflutet
Schlicht
Massiv schwebend
Stilvoll in Stahl
Gestreckt
Rheinblick
Feuerstelle
Archetypisch
Sachlich-kühl
Professionell
Oberlicht
Klare Linie
Rollbar
Kubisch
Skulptural
Eleganter Aufschwung
Gekantet und gefaltet
Findling
Kontraste
Viel dahinter
Glänzende Aussichten
In Spanien
Raum (fast) ohne Ende
Hochwertig
Geschwungen

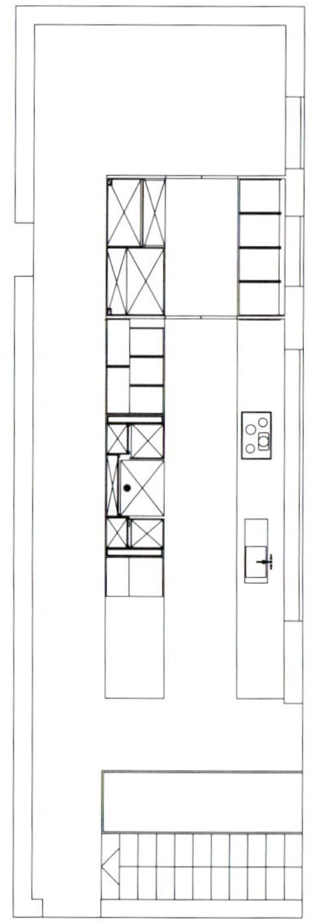

Stringente und klare Linienführung nicht nur außen, sondern auch innen.

Blick in die Küche. Rechts die Arbeitsfläche mit Panoramafenster, links der Wandschrank mit den Elektrogeräten

Suchbild – Der Spiegel an der Wand im Flur zeigt das »interne Fenster« zur Küche.

Glänzende Aussichten

Küche in Lack Beim Umbau eines Einfamilienhauses aus den 1950er-Jahren in Panoramalage an den Hängen von Stuttgart hatten die Architekten bei der Küchenplanung freie Hand – eine Freiheit, die sie zu nutzen verstanden.

Sie gliederten den lang gestreckten, offenen Raum im Erdgeschoss durch ein eingestelltes raumhohes Möbel in Eingangsbereich, Flur, Garderobe, Speisekammer und Küche. Sämtliche erforderlichen Stauflächen sind in dem Möbel integriert.

Ein frei auskragender Bartisch mit Hockern bildet den Auftakt zu der zweizeiligen Küche, die sich von hier aus in ihrer ganzen Länge von mehr als 6 m erschließt und an ihrem Kopfende von der Speisekammer begrenzt wird. Ein fast ebenso langes, horizontal verlaufendes Panoramafenster bietet bei der Küchenarbeit den Blick über die Stadt. Die Durchreiche auf der gegenüberliegenden Seite schafft zusätzliche Transparenz, eine Verbindung zum Flur und verkürzt die beiden Räume optisch.

Seiten 118 119

Glänzende Aussichten

Besondere Sorgfalt verwendeten die Architekten auf die Detailausbildung: In die Arbeitsfläche fügen sich nahtlos die Ablaufbecken aus dunkler Keramik ein. Die Fensterbank setzt den Spritzschutz aus satiniertem Glas in der Horizontalen fort; ebenso konsequent entwickelt sich der Edelstahlsturz bündig aus dem Dunstabzug, einer Sonderanfertigung mit integrierter Arbeitsflächenbeleuchtung. Dazu korrespondieren die Edelstahlfronten von Kühlschrank, Backofen, Dampfgarer und Kaffeemaschine, die gegenüber in einem Einbaufeld zusammengefasst sind.

Blick zurück – Klarer Schwarz-Weiß-Kontrast zwischen der Arbeitsfläche in Schiefer und hochglänzend weiß lackierten Fronten

Die weit auskragende Bar setzt die Küche wirkungsvoll in Szene.

Alle weiteren Oberflächen sind mit elfenbeinfarbenem Polyesterlack beschichtet, der sich wie eine Haut nahtlos über die Kuben zieht. Die polierten, spiegelnden Flächen unterstreichen die Homogenität des Einbaus und stehen in deutlichem Kontrast zum Bodenbelag aus spaltrauem Schiefer und zur Arbeitsfläche aus geflammtem Granit. Der Rückgriff auf eine klare, reduzierte Formensprache und die verwendeten Materialien verstehen sich in der Tradition italienischer Küchen und lassen Reminiszenzen an die 1970er-Jahre aufkommen.

Planung
Bottega + Ehrhardt Architekten

Ausführung Küchenkunst Kohl

Ort Stuttgart

Fertigstellung 2004

Fläche 25 qm

Kosten 120 000 €

Klein und kompakt
Unterm Dach
Ohne Wand mehr Raum
Schnittstelle
Intelligent integriert
Bunte Boxen
Farbspiel
En passant
Einzeiler
Die kleine Schwarze
Heizkörperbild
Lichtdurchflutet
Schlicht
Massiv schwebend
Stilvoll in Stahl
Gestreckt
Rheinblick
Feuerstelle
Archetypisch
Sachlich-kühl
Professionell
Oberlicht
Klare Linie
Rollbar
Kubisch
Skulptural
Eleganter Aufschwung
Gekantet und gefaltet
Findling
Kontraste
Viel dahinter
Glänzende Aussichten
In Spanien
Raum (fast) ohne Ende
Hochwertig
Geschwungen

Küche in einem Ferienhaus Großzügig, offen und geräumig ist diese Küche in einem luxuriösen Ferienhaus in Marbella. Drei Meter hohe Decken verleihen den Räumen zusätzliche Weite.

Die Küche ist vom Essraum nur durch eine Anrichte abgetrennt, die sich über Eck in einer Arbeitsfläche mit Spüle fortsetzt. Darüber öffnet sich die Wand mit drei Fenstern zum Garten. Gegenüber, am Durchgang zum Essbereich, befindet sich eine Zeile mit zwei Hoch-

Blick durch die Küche in den Essraum. Rechts unter dem Fenster die Spüle, links am Kochblock ein kleines, zusätzliches Spülbecken

Ton in Ton – Die Arbeitsplatten sind aus Grauwacke gefertigt und harmonieren perfekt mit den Oberflächen aus HPL-Schichtstoff.

Farbig abgesetzt – Wandnischen und Nebenräume der Küche sind in warmen Rottönen gehalten.

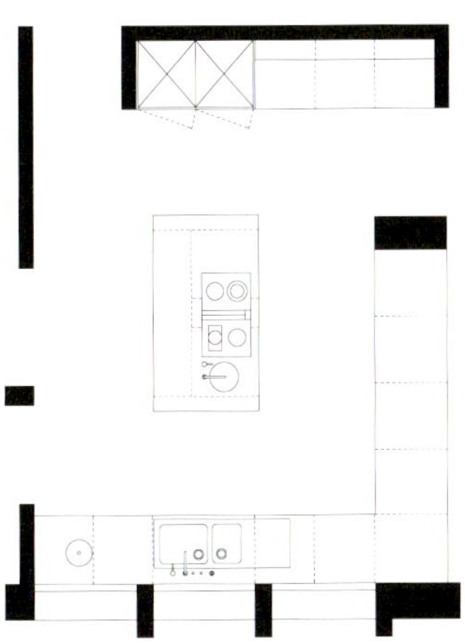

schränken, die Backofen, Mikrowelle und Kühlschrank enthalten, und eine Arbeitsfläche für Kaffeemaschine und Toaster. Im rückwärtigen Bereich der Küche führt eine Tür zu einer kleinen Speisekammer mit Spülküche. Das Zentrum des Raums bildet eine Kochinsel mit zwei Cerankochfeldern und einem zusätzlichen Spülbecken.

Um den angrenzenden Räumen und zurückspringenden Nischen Tiefe zu verleihen, sind diese in sattem Bordeauxrot gestrichen, die anderen Wand- und Deckenflächen kontrastie-

ren dazu in gebrochenem Weiß. Der Dielenboden aus dunkel eingelassenem Nadelholz sorgt für ein leicht rustikales Finca-Ambiente. Alle Arbeitsflächen und die seitlichen Wangen des Küchenblocks sind aus Grauwacke gefertigt, die Möbelfronten differenziert ausgeführt: Edelstahl für den Kochblock und kaffeebrauner HPL-Schichtstoff für die übrigen Oberflächen. Einbaugeräte, Sockelleisten und ein kleines Wandbord bestehen ebenfalls aus

Blick vom Essraum in die Küche. Im Hintergrund die Tür zur Speisekammer

Edelstahl. Differenzierte Farbkontraste, raffinierte Verbindungen, der maßgenaue Einbau der Möbel in die Mauernischen: Jede Einzelsituation ist individuell und sorgfältig geplant, sodass daraus ein harmonisches Ganzes entstanden ist. Nichts wurde dem Zufall überlassen, selbst der Esstisch nimmt die Proportionen der Küchenarbeitsplatten auf, und in den Lederbezügen der Stühle finden sich die Rottöne der Wände wieder.

Planung und Ausführung
Wiedemann Werkstätten

Ort Marbella/E

Fertigstellung 2004

Fläche 17 qm zzgl. Speisekammer

Kosten 80 000 €

Klein und kompakt
Unterm Dach
Ohne Wand mehr Raum
Schnittstelle
Intelligent integriert
Bunte Boxen
Farbspiel
En passant
Einzeiler
Die kleine Schwarze
Heizkörperbild
Lichtdurchflutet
Schlicht
Massiv schwebend
Stilvoll in Stahl
Gestreckt
Rheinblick
Feuerstelle
Archetypisch
Sachlich-kühl
Professionell
Oberlicht
Klare Linie
Rollbar
Kubisch
Skulptural
Eleganter Aufschwung
Gekantet und gefaltet
Findling
Kontraste
Viel dahinter
Glänzende Aussichten
In Spanien
Raum (fast) ohne Ende
Hochwertig
Geschwungen

Raum (fast) ohne Ende

Küche in Eiche und Beton Eine konsequente, in ihrer beharrlichen Klarheit nicht mehr zu reduzierende Küche haben die Gestalter für diesen ebenso kargen wie außergewöhnlich großen Raum in einem Wohnhaus entwickelt. Der 14 m lange Grundriss gliedert sich in einen Kochbereich, der fast zwei Drittel der Fläche einnimmt, und einen Essbereich. Von den drei frei stehenden, rundum zugänglichen Küchenblöcken dient einer als Vorbereitungsküche mit integrierter Spüle, der zweite als Kochinsel mit sechs Kochfeldern – je zwei

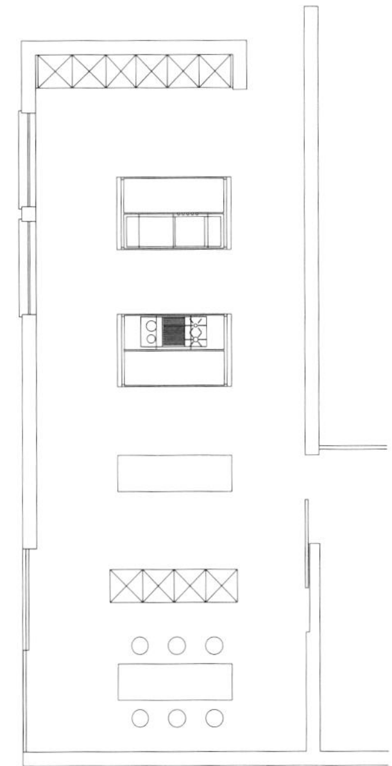

Drei Blöcke hintereinander sorgen für Ordnung und Struktur. Rechts der Durchgang zum Innenhof

Gasflammen, Elektrofelder und Grillfelder. Der dritte kann als Anrichte oder Bar genutzt werden. Ein raumhoher Einbauschrank mit einer einheitlich geschlossenen Front bildet die Rückwand der Küche. Der Dunstabzug aus Edelstahl ist unprätentiös an der Decke über den Kochfeldern montiert und beinhaltet auch die Beleuchtung für diesen Teil der Küche.
Die Planer haben sich auf wenige Materialien beschränkt: Beton für Decke und Wände, Basalt für Boden und Arbeitsflächen, Holz und Metall für die Küchenmöbel. Die Fronten sind

Die Eichenfronten sind mit Lochung ausgebildet und sorgen für eine Verbesserung der Raumakustik.

Markanter Blickfang – Der hochglänzend rot leuchtende Raumteiler trennt Küche und Essplatz.

mit Eiche furniert und als gelochte Akustikplatten ausgeführt, um ein Mindestmaß an Schallabsorption bei den harten Oberflächen des Raums zu gewährleisten. Der warme, hellbraune Farbton des Eichenfurniers harmoniert mit den verschiedenen stoisch-ruhigen Grautönen der Basalt- und Sichtbetonflächen. Der Essplatz ist durch einen hochglänzend rot lackierten Raumteiler abgetrennt, dessen leuchtende Oberfläche in einem starken Kontrast zu den übrigen, »unbunten« Farben steht.

Die Kraft dieser Küche liegt im Widerspruch zwischen scheinbar alltäglichen, banalen Materialien und deren überaus sorgfältig detaillierter Anwendung. Beim genauen Hinsehen fällt auf, dass alle Bauteile ohne Abweichungen exakt im rechten Winkel zueinander stehen und alle Schattenfugen über die gesamten Längen absolut parallel verlaufen. Die Gestalter haben bei der Planung und Ausführung nichts dem Zufall überlassen und möchten mit der geradlinigen Ordnung dem Nutzer eine Orientierung im Alltag bieten.

Planung und Schreinerarbeiten Kambium

Ort Trier

Fertigstellung 2005

Fläche 49 qm zzgl. Essplatz

Kosten 79 000 €

Klein und kompakt
Unterm Dach
Ohne Wand mehr Raum
Schnittstelle
Intelligent integriert
Bunte Boxen
Farbspiel
En passant
Einzeiler
Die kleine Schwarze
Heizkörperbild
Lichtdurchflutet
Schlicht
Massiv schwebend
Stilvoll in Stahl
Gestreckt
Rheinblick
Feuerstelle
Archetypisch
Sachlich-kühl
Professionell
Oberlicht
Klare Linie
Rollbar
Kubisch
Skulptural
Eleganter Aufschwung
Gekantet und gefaltet
Findling
Kontraste
Viel dahinter
Glänzende Aussichten
In Spanien
Raum (fast) ohne Ende
Hochwertig
Geschwungen

Blick vom Innenhof. Die durchgehende Fensterfront verbindet Innen und Außen und sorgt für helle, großzügige Räume.

Durch die asymmetrisch angeordneten Fronten entstehen spannungsvolle Proportionen.

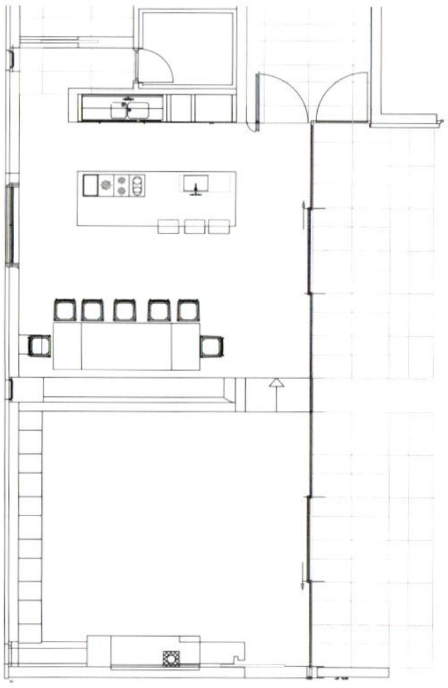

Hochwertig

Küche in Naturfarben Die Küche bildet den oberen Abschluss einer offenen Raumabfolge mit Essbereich, einem zwei Stufen tiefer gelegenen Kaminplatz und einer Bibliothek. Die großzügige Gesamtwirkung des Raums wird verstärkt durch die raumhohe Verglasung zum Innenhof mit Pool und dem im Innen- und Außenbereich durchgängig verwendeten Bodenbelag aus fränkischem Juramarmor. Der Grundriss ist einfach aufgebaut. In der rückwärtigen Wandnische befindet sich ein Maßeinbau mit Arbeitsfläche, Oberschränken und

Hochschränken für die Einbaugeräte: Backofen, Mikrowelle und Kaffeeautomat. Der frei davor stehende, mit einer Fläche von 1,20 × 3,30 m großzügig bemessene Arbeitsblock enthält neben einer weiteren Arbeitsfläche Gas- und Elektrokochfelder sowie die Spüle.

Die Material- und Farbwahl ist elegant aufeinander abgestimmt, alle Materialien erscheinen in ihrer natürlichen Farbigkeit. Die Fronten sind horizontal in Eiche furniert und durch ebenfalls horizontal verlaufende Griffnuten deutlich strukturiert, die Oberflächen hell

Seiten 130 131

Hochwertig

gebeizt und geölt. Auszüge und Blenden der Kochinsel sind ringsum auf Gehrung gearbeitet, sodass sie wie durchgehende Bänder wirken. Diese horizontal geschichtete Ordnung wird von der Arbeitsplatte in Kalkstein abgeschlossen, in die die Abtropffläche der Spüle nahtlos eingeschliffen ist. Die Platte ragt zum Essraum über den Block hinaus und lässt sich auch als Bar nutzen. Mit dem hellen Mobiliar kontrastiert der markant ausgebildete Dunst-

Heller Grundton – Nur vereinzelt setzen dunkle Farbtöne feine Akzente.

Alle Auszüge der Kücheninsel sind auf Gehrung gearbeitet, sodass sie wie umlaufende horizontale Bänder erscheinen.

abzug, dessen dunkle Farbigkeit und grobe Struktur daher rühren, dass der Stahl roh belassen und lediglich geölt ist.
Integriertes Licht sorgt für eine individuelle Beleuchtung der einzelnen Bereiche der Küche: Einbaustrahler in der Decke, hinterleuchtete Ablageborde, Leuchten in der Front der Kochinsel und in der Dunstabzugsesse.

Planung Katja Reiter und Wiedemann Werkstätten

Ausführung Wiedemann Werkstätten

Ort Nürnberg

Fertigstellung 2004

Fläche 17 qm

Kosten 66 000 €

Klein und kompakt
Unterm Dach
Ohne Wand mehr Raum
Schnittstelle
Intelligent integriert
Bunte Boxen
Farbspiel
En passant
Einzeiler
Die kleine Schwarze
Heizkörperbild
Lichtdurchflutet
Schlicht
Massiv schwebend
Stilvoll in Stahl
Gestreckt
Rheinblick
Feuerstelle
Archetypisch
Sachlich-kühl
Professionell
Oberlicht
Klare Linie
Rollbar
Kubisch
Skulptural
Eleganter Aufschwung
Gekantet und gefaltet
Findling
Kontraste
Viel dahinter
Glänzende Aussichten
In Spanien
Raum (fast) ohne Ende
Hochwertig
Geschwungen

Blick über die Bar auf die gebogene Edelstahlverkleidung der Rückwand

Die weit ausladende Arbeitsfläche mit den Kochfeldern ist an einen der vorhandenen Pfeiler angehängt.

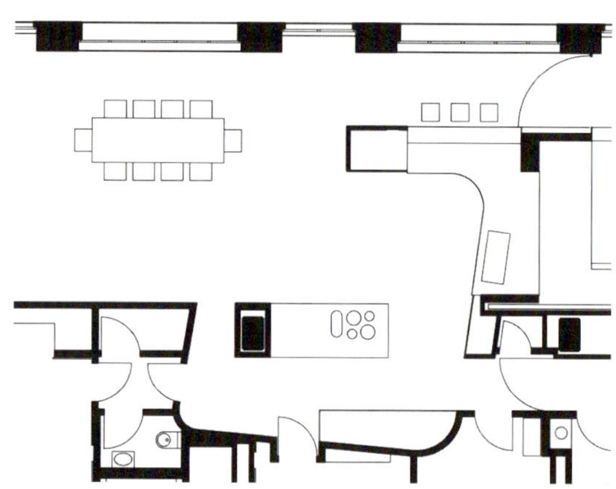

Geschwungen

Küche in einem Loft Die Grenzen zwischen Wohnen und Arbeiten verlaufen fließend bei diesem Loft in einem ehemaligen Fabrikgebäude an der Spree. Neben den Büros der Berliner Niederlassung einer amerikanischen Filmproduktionsgesellschaft enthält die Etage auch die Wohnräume des Geschäftsführers. Das ganze Geschoss war früher ein offener Raum, der beim Umbau durch eine Pfeilerreihe in der Mitte und durch eine Abfolge von Fensterelementen eine neue Gliederung erhielt. In der Fassade wechseln sich hohe Bogenfenster mit

kleineren, rechteckigen Fenster ab und lassen das Tageslicht großzügig in die Räume fluten, sodass diese noch weiter und offener erscheinen.
Die repräsentative Küche bildet das Zentrum zwischen dem Büro- und dem Wohnbereich und kann sowohl für die Bewirtung von Geschäftspartnern im angrenzenden Konferenzraum als auch privat vom Geschäftsführer genutzt werden. Von einer der Mittelstützen ausgehend, entwickelt sich der kubische Kochblock weit ausragend in den Raum hinein. Ganz im Gegensatz

Geschwungen

zu dieser strengen Geometrie sind die Wände der Küche als elegant geschwungenes Band in der für die Architekten typischen, kurvenreich gleitenden Handschrift ausgebildet. Die fließende Form enthält neben Durchgängen zu den Büro- und Nebenräumen auch alle technischen Geräte, Stauraum und eine Bar. Der Blick kann an dieser geschwungenen Fläche entlanggleiten. Für Materialien und Farben haben die Planer ein eigenes Konzept entwickelt, das sich an der Funktion der architektonischen Elemente im Raum orientiert: weißer

Nahtloser Übergang von der Küche in den Ess- und Wohnbereich

Spreeblick – Die großzügigen Rundbogenfenster bringen Licht und Weite in den Raum.

Putz für die Gebäudesubstanz wie Wände, Stützen und Decken; Edelstahl für die Oberflächen der gekurvten Einbauten der Küchenwände und die technischen Geräte; dunkel gebeiztes Eichenholz für die Arbeitsflächen und Nussbaum für den Parkettboden. Der intensive Hell-Dunkel-Kontrast der Materialien – horizontale Flächen dunkel, vertikale Flächen und Deckenuntersicht hell – wirkt grafisch-klar und unterstützt die großzügige Wirkung der Raumsequenz, zu der nicht zuletzt auch der eindrucksvolle Blick auf die Spree beiträgt.

Planung GRAFT

Ausführung Tischlerei Frenzel (Schreinerarbeiten)

Ort Berlin

Fertigstellung 2002

Fläche 49 qm zzgl. Essplatz

Kosten k. A.

Wohnküche und offene Küche

Das Verhältnis zur Hausarbeit und insbesondere zum Kochen hat sich in den vergangenen Jahren kontinuierlich verändert. Die Küche wandelt sich von einem reinen Funktionsraum wieder zu einem Treffpunkt für Familie und Freunde.

Dafür gibt es eine ganze Reihe von Gründen: zum einen die Erfahrungen, die viele junge Menschen in Wohngemeinschaften gemacht haben, in denen die Küche der einzige gemeinsam zu nutzende Raum war. Zum anderen das sich kontinuierlich verändernde Familienleben: Oft sind beide Partner berufstätig und teilen sich die Arbeit im Haushalt und die Erziehung der Kinder. Da wenig Zeit zu Hause verbracht wird, versucht man, diese gemeinsam zu nutzen, also auch zusammen zu kochen und zu essen. Eine notwendige Tätigkeit wird so zu einem gemeinsamen Erlebnis. Außerdem gibt es besonders in ländlichen Regionen eine wertekonservative Haltung zur Wohnküche, da sie dort über eine lange Tradition verfügt. In der klassischen Einbauküche ist diese Form des gemeinsamen Lebens nicht oder nur eingeschränkt möglich.

Seit vielen Jahren reagieren architektonische Konzepte für Wohnhäuser und Wohnungen auf diese Entwicklung. Offene Grundrisse, mehr Raum zum Kochen und Essen: Küchen, die mehr sind als Arbeitsplätze zur Nahrungszubereitung gibt es seit langem, jedoch häufig nur in besonders anspruchsvoll und auf hohem Niveau geplanten Wohnungen und Häusern. Allerdings wird auch in neu gebauten Küchen in Einfamilien-, Doppel- und Reihenhäusern von durchschnittlicher Größe in den letzten Jahren das Raumangebot besser, das Wohngefühl zeitgemäßer und der Nutzwert vielfältiger. Dennoch ist auch in diesen Küchen der Stauraum oft zu gering bemessen, offensichtlich ein Planungsfehler, der auf falsche Bedarfsermittlung zurückzuführen ist.

Jede achte Küche eine offene Küche, mit steigender Tendenz. Dieser Trend zur offenen Küche und Wohnküche wird auf allen Messeveranstaltungen sichtbar. Die Hersteller von Einbauküchen reagieren auf die Entwicklungen mit Angeboten, die diese Veränderungen berücksichtigen.

Für Küchen, die auch als Wohnbereich dienen sollen, werden verschiedene Typen angeboten: Küchenzeilen mit den technischen Geräten, Küchenwerkbänke oder Kochinseln mit zusätzlichem Stauraum, die mit Möbeln aus dem Ess- und Wohnbereich frei kombiniert werden. Am weitesten fortgeschritten ist dieser Trend bei Grundrissen, bei denen die Küche integraler Bestandteil des Wohnens ist. Mehr als 60 Prozent der Verbraucher wünschen sich eine moderne, zeitlose Küche.

Bauherren

Für viele Menschen stellt eine einheitlich durchgeplante Küche kein erstrebenswertes Ziel mehr dar. Insbesondere für die Käufer unter 30 Jahren trifft dies zu. In dieser Gruppe gibt es eine neue Form von »Designmündigkeit«. Für diese Altersschicht spielt gutes Design zwar eine große Rolle, man möchte sich aber nicht von Institutionen oder Design-Gütesiegeln bevormunden lassen. Solche Empfehlungen werden geprüft und dann angenommen oder verworfen: So entstehen im Bereich der Möblierung bewusste Brüche zwischen Designklassikern, zeitgenössischem Design, Erbstücken und liebgewordenen Möbeln mit Bezug zur eigenen Biografie.

Die Altersgruppe, die in den kommenden Jahren am stärksten wachsen wird, ist die der Menschen über 50 Jahre. Im Jahr 2040 werden in Deutschland nahezu 30 Prozent der Bevölkerung sogar über 65 Jahre alt sein. Da sich die Ansprüche und Erwartungen im Lauf des Lebens verändern, werden neue Bedürfnisse entstehen. Wohnungen, insbesondere Bäder und Küchen müssen diesen Entwicklungen angepasst werden. Barrierefreiheit in Wohnungen und Häusern ist nicht nur eine Aufgabenstellung für Seniorenwohnanlagen, sondern erfordert Nachrüstung vor allem im privaten Bereich sowie eine individuelle Beratung und Planung. In dieser Altersgruppe spielen beim Kauf einer neuen Küche eine hohe Funktionalität und bequeme Handhabung, bei den Materialien leicht zu reinigende Oberflächen und die Qualität der Verarbeitung eine überdurchschnittlich große Rolle.

Anbieter

Im Bereich der Küchenplanung und -einrichtung besteht ein hoher Beratungsbedarf. Um diesen zu decken, muss die Kunden- und Serviceorientierung verbessert werden, deren Ziel die bestmögliche, auf individuelle und persönliche Bedürfnisse abgestimmte Lösung sein sollte. Derzeit sind etwa 40 Prozent aller Küchen maßgefertigte Standardeinbauküchen, 30 Prozent fertige Küchenzeilen und die restlichen 30 Prozent individuell zusammengestellte Küchen. Diese Anteile werden sich in der Zukunft weiter zugunsten von individuell eingerichteten Küchen verschieben. Der Trend ergibt sich aus veränderten Entwicklungslinien im Lebenslauf, nämlich der gestiegenen Mobilität vor allem junger Berufstätiger einerseits und der daraus folgenden späteren Familiengründung andererseits.

Bei jedem Möbelkauf, insbesondere jedoch bei der Einrichtung der Küche, handelt es sich nicht nur um eine Verstandesentscheidung, sondern auch um ein emotionales Bedürfnis und Erlebnis, bei denen ein individueller Wunsch erfüllt werden soll. Deshalb will jeder Kunde auch gefühlsmäßig angesprochen werden, und ein positiv stimmendes Beratungsumfeld spielt eine sehr große Rolle. Die Bedeutung von Messen, Ausstellungen, Showrooms und besonderen Veranstaltungen (Events), wird deshalb in Zukunft weiter zunehmen, und zwar sowohl für Fachleute als auch für Endverbraucher.

Architekten, Innenarchitekten, Designer und Gestalter aus dem Handwerk stellen sich auf diese Entwicklungen ein. Hier wird in der Zukunft ein Nischenmarkt entstehen, auf dem Fachleute zeigen können, dass sich eine individuelle Planung für den Auftraggeber lohnt, da sie zu einer besonderen Lösung führt, die persönliche Vorstellungen, Wünsche und Sonderlösungen berücksichtigt und kompetent umsetzt.

Ausgewählte Literatur

Bücher

Aicher, Otl: *Die Küche zum Kochen.* Das Ende einer Architekturdoktrin. München 1982 (unveränderte Neuausgabe: *Die Küche zum Kochen.* Werkstatt einer neuen Lebenskultur. Staufen 2005)

Andritzky, Michael (Hrsg.): *Oikos. Von der Feuerstelle bis zur Mikrowelle.* Haushalt und Wohnen im Wandel. Katalogbuch zur gleichnamigen Ausstellung. Gießen 1992

Asensio, Paco (Hrsg.): *Ultimate Kitchen Design.* Katalogbuch zur gleichnamigen Ausstellung. Kempen 2006

Conran, Terence: *Die neue Küche.* Stuttgart, München 2003

Hoepfner, Wolfram (Hrsg.): *Geschichte des Wohnens.* Band 1: 5000 v. Chr. – 500 n. Chr.: Vorgeschichte, Frühgeschichte, Antike. Stuttgart 1999

ID4 (Hrsg.): *Die Sinnlichkeit der Oberfläche.* Darmstadt 2006

König, Steffen: *Kreativer Möbelbau.* Stuttgart, München 2002

Mayer, Hans-Werner, und Michael Habeck: *Das große Küchenhandbuch.* Darmstadt 2004

Mielke, Rita: *Die Küche. Geschichte, Kultur, Design.* Berlin 2004

Schleifer, Simone (Hrsg.): *Small Kitchens, Petites Cuisines, Kleine Küchen.* Köln 2005

Spechtenhauser, Klaus (Hrsg.): *Die Küche.* Basel, Boston, Berlin 2006

Titze, Winfried (Hrsg.): *Küchenmarkt Deutschland bis 2010.* Neuss 2006

Zeitschriften

AIT – Architektur, Innenarchitektur, Technischer Ausbau. Verlagsanstalt Alexander Koch

DMK – Die moderne Küche. Die Planung Verlagsgesellschaft mbH

Internet

AMK – Arbeitsgemeinschaft Die moderne Küche e.V.
www.amk.de

VKG – Vereinigter Küchenfachhandel
www.vkg.de

VKG – Vereinigter Küchenfachhandel
www.vkg.de

Hersteller

Küchen

Allmilmö
Zeiler Möbelwerk GmbH & Co. KG
Obere Altach 1
D-97475 Zeil am Main
www.allmilmoe.de

Alno AG
Heiligenberger Straße 47
D-88630 Pfullendorf
www.alno.de

Arclinea S.p.A.
Viale Pasubio 50
I-36030 Caldogno (VI)
www.arclinea.it

bau-for-mat
Küchen GmbH & Co. KG
Kattwinkel 1
D-32584 Löhne
www.bauformat.de

Boffi S.p.A.
Via Oberdan 70
I-20030 Lentate sul Seveso
www.boffi.com

bulthaup GmbH & Co. KG
Postfach
D-84153 Aich
www.bulthaup.de

Dada S.p.A.
Strada Provincial 31
I-20010 Mesero (MI)
www.dadaweb.it

driade S.p.A.
Via Padana Inferiore 12
I-29012 Fossadello Di Caorso (PC)
www.driade.it

Effeti
Via B. Cellini
I-50028 Tavarnele V.P. (FI)
www.effeti.com

Eggersmann Küchen GmbH & Co. KG
Herforder Straße 196
D-32120 Hiddenhausen
www.eggersmann.de

EWE Küchen Gesellschaft mbH
Dieselstraße 14
A-4600 Wels
www.ewe.at

Forster Küchen- und Kühltechnik AG
Egnacher Straße 37
CH-9320 Arbon
www.forster-kuechen.ch

FM Küchen Gesellschaft mbH
Galgenau 30
A-4240 Freistadt
www.fm-kuechen.at

GEBA Möbelwerke GmbH
Scheidkamp 14
D-32584 Löhne
www.geba-küechen.de

Giemmegi Srl
Via Morandi 35
I-50050 Gambassi Terme (FI)
www.giemmegi.it

Häcker Küchen GmbH & Co. KG
Werkstraße 3
D-32289 Rodinghausen
www.haecker-kuechen.de

Hummel Küchenwerk GmbH
Schweriner Straße 14
D-22844 Norderstedt
www.hummel.de

Impuls Küchen GmbH
Hinterm Gallenberg 6
D-59929 Brilon
www.impuls-kuechen.de

Leicht Küchen AG
Gmünder Straße 70
D-73550 Waldstetten
www.leicht.de

LINEA QUATTRO
Via degli Artigiani 9
D-60032 Castelpiano (AN)
www.lineaquattro.com

Miele & Cie. GmbH & Co. KG
Carl-Miele-Straße 29
D-33332 Gütersloh
www.miele-kuechen.de

MK-Küchenmöbelfabrik
D-32566 Löhne
www.mk.kuechen.de

Nolte Küchen GmbH & Co. KG
Windmühlenweg 153
D-32584 Löhne
www.nolte-kueche.de

pino Küchen GmbH
Buroer Feld 1
D-06869 Coswig/Klieken
www.pino-kuechen.de

Poggenpohl Möbelwerke GmbH
Poggenpohlstraße 1
D-32051 Herford
www.poggenpohl.de

Rational Einbauküchen GmbH
Rationalstraße 4
D-49328 Melle
www.rational.de

RWK Einbauküchen
R. & W. Kuhlmann GmbH
Südstraße 16
D-32130 Enger
www.rwk-kuechen.de

SANITAS TROESCH AG
Bahnhöheweg 82
CH-3018 Bern
www.sanitastroesch.ch

Scavolini S.p.A.
Via Risara 60/70–74/80
I-61025 Montelabbate (PU)
www.scavolini.com

Schiffini Mobili Cucine S.p.A.
Via Genova 206
I-19020 Ceparana (La Spezia)
www.schiffini.com

Schmidt Küchen GmbH & Co. KG
Hubert-Schmidt-Straße 4
D-66625 Nohfelden-Türkismühle
www.cuisines-schmidt.com

SIEMATIC Möbelwerke GmbH & Co. KG
August-Siekmann-Straße 1–5
D-32584 Löhne
www.siematic.de

SIRA S.p.A. | Cucine componibili
Via Fontevenazza 9/A
I-62010 Treia (MC)
www.siracucine.it

Snaidero R.S.p.A.
Viale Europa Unita 9
I-33030 Majano (UD)
www.snaidero.it

strato srl
Via Piemonte 9
I-23018 Talamona (SO)
www.stratocucine.com

Tecta
Axel und Werner Bruchhäuser KG
D-37697 Lauenförde
www.tecta.de

Valcucine S.p.A.
Via Malignani 5
I-33170 Pordenone
www.valcucine.it

Varenna Cucine
Via Monte Santo 28
I-22044 Inverigo
www.varennapoliform.it

Gustav Wellmann GmbH & Co. KG
Bustedter Weg 16
D-32130 Enger
www.wellmann.de

Zanussi
www.zanussi.de

Zeyko Möbelwerke GmbH &
Co. KG
Am Fohrenwald 1
D-78087 Mönchweiler
www.zeyko.de

Elektrogeräte

AEG Hausgeräte GmbH
Muggenhofer Straße 135
D-90429 Nürnberg
www.aeg-hausgeraete.de

Bauknecht Hausgeräte GmbH
Gottlob-Bauknecht-Straße 11
D-73614 Schorndorf
www.bauknecht.de

Blomberg
BEKO Deutschland GmbH
Hermannstraße 54–56
D-63263 Neu-Isenburg
www.blomberg.de

Robert Bosch Hausgeräte GmbH
Carl-Wery-Straße 34
D-81739 München
www.bosch-hausgeraete.de

Braun GmbH
Frankfurter Straße 145
D-61476 Kronberg im Taunus
www.braun.com

Constructa-Neff Vertriebs-GmbH
Carl-Wery-Straße 34
D-81379 München
www.constructa.de

EFS Hausgeräte GmbH
EBD, FORON und Seppelfricke
Obere Kaiserswerther Straße 36
D-47249 Duisburg
www.efs.de

electrolux Deutschland GmbH
Muggenhofer Straße 135
D-90429 Nürnberg
www.electrolux.de

Elektra Bregenz AG
Pfarrgasse 77
A-1230 Wien
www.elektrabregenz.com

Franke GmbH Küchentechnik
Mumpferfährstraße 20
D-79761 Bad Säckingen
www.franke.de

Gaggenau Hausgeräte GmbH
Carl-Wery-Straße 34
D-81739 München
www.gaggenau.com

Gaggia GmbH
Fritz-Reichle-Ring 6
D-78315 Radolfzell
www.gaggia.de

Gorenje Vertriebs-GmbH
Garmischer Straße 4–6
D-80339 München
www.gorenje.de

imperial-Werke OHG
Installstraße 10–18
D-32257 Bünde
www.imperial.de

Indesit Company Deutschland
GmbH
Hainer Weg 13–15
D-60599 Frankfurt am Main
www.scholtes.it

Juno
Electrolux Hausgeräte Vertriebs
GmbH
Markenvertrieb Juno-Electrolux
Muggenhofer Straße 135
D-90429 Nürnberg
www.juno.de

Krups Groupe SEB Deutschland GmbH
Herrnrainweg 5
D-63067 Offenbach am Main
www.krups.de

Küppersbusch Hausgeräte AG
Küppersbuschstraße 16
D-45883 Gelsenkirchen
www.kueppersbusch.de

Maytag
W&B Quality Appliances GmbH & Co. KG
Neutorstraße 75–77
D-26721 Emden
www.maytag.de

Melitta
Postfach 2780
D-32384 Minden/Westfalen
www.melitta.de

Liebherr-International Deutschland GmbH
Hans-Liebherr-Straße 45
D-88400 Biberach an der Riss
www.liebherr.com

Miele & Cie. GmbH & Co. KG
Carl-Miele-Straße 29
D-33332 Gütersloh
www.miele-kuechen.de

Neff GmbH
Carl-Wery-Straße 34
D-81739 München
www.neff.de

Philips GmbH
Hammerbrookstraße 69
D-20097 Hamburg
www.philips.de

Rösle GmbH & Co. KG
Postfach1263
D-87610 Marktoberdorf
www.roesle.de

Rowenta groupe SEB Deutschland GmbH
Herrnrainweg 5
D-63067 Offenbach am Main
www.rowenta.de

saeco Handelsgesellschaft mbH
Hermann-Laur-Straße 4
D-78253 Eigeltingen
www.saeco.de

Siemens Electrogeräte GmbH
Carl-Wery-Straße 34
D-81739 München
www.siemens-hausgeraete.de

Teka Küchentechnik GmbH
Sechsheldener Straße 122
D-35708 Haiger
www.teka-kuechentechnik.de

Zanussi
AEG Hausgeräte GmbH
Muggenhofer Straße 135
D-90429 Nürnberg
www.zanussi.de

Zanker
www.zanker.de

Beschläge

ABP Beyerle GmbH
Im Schollengarten 24 b
D-76646 Bruchsal
www.abp-beyerle.de

Astec GmbH Design-beschläge
Sigmaringer Straße 84
D-72458 Albstadt
www.astec-design.de

Julius Blum GmbH
Industriestraße 1
A-6973 Hoechst
www.blum.com

EKU AG
Wilerstraße 90
CH-8370 Sirnach
www.eku.ch

Glas Marte GmbH
Brachsenweg 39
A-6900 Bregenz
www.glasmarte.at

Granberg Deutschland GmbH
Eggeweg 91
D-33617 Bielefeld
www.granberg.se

Grass GmbH
Grass Platz 1
A-6973 Hoechst
www.grass.at

Häfele GmbH
Adolf-Häfele-Straße 1
D-72202 Nagold
www.hafele.de

Hettich FurnTech GmbH & Co KG
Gerhard-Lüking-Straße 10
D-32602 Vlotho
www.hettich-furntech.de

Jakob AG
Drahtseilfabrik
CH-3555 Trubschachen
www.jakob.ch

Friedrich Knapp GmbH
Ignaz-Innerhuber-Straße 6
A-3300 Amstetten
www.knapp.verbinder.com

Kesseböhmer GmbH
Mindener Straße 208
D-49152 Bad Essen
www.kesseboehmer.de

OPO Oeschger GmbH
Steinackerstraße 68
CH-8302 Kloten
www.opo.de

Pauli & Sohn GmbH
Eisenstraße 2
D-51545 Waldbröl
www.pauli.de

Schwinn GmbH
Röhrstraße 3
D-64372 Ober-Ramstadt
www.schwinn-gmbh.de

Union Knopf GmbH
Grass Platz 1
A-6973 Hoechst
www.unionknopf.com

VBH Holding AG
Siemensstraße 38
D-70825 Korntal-Münchingen
www.vbh-holding.com

Materialien

Abet GmbH
Füllenbruchstraße 189 H–K
D-32051 Herford
www.abet.de

alpicto
Heiligenberger Straße 47
D-88630 Pfullendorf
www.alpicto.de

Blomberger Holzindustrie
B. Hausmann GmbH & Co. KG
Königswinkel 2
D-32825 Blomberg
www.delignit.de

CaesarStone
www.caesarstone.com

DuPont
www.dupont.com

Fritz Egger GmbH & Co. KG
Holzwerkstoffe
Weiberndorf 20
A-6380 St. Johann in Tirol
www.egger.com

Formica Vertriebs-GmbH
Belgische Allee 9
D-53842 Troisdorf
www.formica-deutschland.de

FunderMax GmbH
Klagenfurter Straße 87–89
A-9300 St. Veit/Glan
www.fundermax.com

Graniteland C&H Steimel GbR
Vor dem Glumm 6
D-27356 Rotenburg/Wümme
www.graniteland.de

Hasenkopf Holz- und Kunststoff GmbH & Co. KG
Stöcklstraße 1–2
D-84561 Mehring
www.hasenkopf.de

Homapal Plattenwerk GmbH & Co. KG
Bahnhofstraße 30/32
D-37412 Herzberg am Harz
www.homapal.de

M. Kaindl Holzindustrie KG
Kaindlstraße 2
A-5071 Wals
www.kaindl.com

Moralt
Tischlerplatten GmbH & Co. KG
Lenggrieser Straße 52
D-83646 Bad Tölz
www.moralt-tischlerplatten.de

Karl W. Niemann GmbH & Co. KG
Hedemer Straße 4
D-32361 Preußisch-Oldendorf-Hedem
www.niemann-moebelteile.de

Pollmeier Massivholz GmbH & Co. KG
Pferdsdorfer Weg 6
D-99831 Creuzburg
www.pollmeier.com

REHAU AG + CO
Rheniumhaus
D-95111 Rehau
www.rehau.de

Rosskopf & Partner AG
Neesbacher Straße 25
D-65597 Hünfelden-Dauborn
www.rosskopf-partner.de

Schock GmbH
Gmünder Straße 65
D-73614 Schorndorf
www.schock.de

Thermopal GmbH
Wurzacher Straße 32
D-88299 Leutkirch im Allgäu
www.thermopal.com

Westag & Getalit AG
Hellweg 15
D-33378 Rheda-Wiedenbrück
www.westag-getalit.de

wodego GmbH
Kundenservice
Ingolstädter Straße 51
D-92318 Neumarkt
www.wodego.de

Planer und Gestalter

baustein architekten
Matthias Bauer, Eberhard Steinert
Bahnhofstraße 24
D-82467 Garmisch-Partenkirchen
www.baustein-architekten.de

Bembé Dellinger Architekten
Felix Bembé Sebastian Dellinger
Im Schloss
D-86926 Greifenberg
www.bembe-dellinger.de

Bottega + Ehrhardt Architekten
Rosenbergstraße 46
D-70176 Stuttgart
www.be-arch.de

willi bruckbauer –
küchenideen im werkhaus
Rosenheimer Straße 32
D-83064 Raubling
www.willi-bruckbauer.de

Buchecker Architekten
Schlagintweitstraße 14
D-80638 München
www.buchecker-architekten.de

Domani Möbelwerkstatt GmbH
Römerweg 4
D-79291 Merdingen
www.domani-moebel.de

Früh Architekten
Lochbachstraße 6
A-6971 Hard
www.frueh.at

Marco Glashagen
Innenarchitektur
Düsseldorfer Straße 17
D-40545 Düsseldorf
glashagen@arcor.de

Gestaltung 3e
Von-Cancrin-Straße 1
D-63877 Sailauf
www.gestaltung-3e.de

GRAFT Berlin – Los Angeles
Graft GbR
Borsigstraße 33
D-10115 Berlin
www.graftlab.com

Holzbox ZT GmbH
Colingasse 3
A-6020 Innsbruck
www.holzbox.at

INFORM Peter Böhm
Rudolf-Diesel-Straße 1
D-54439 Saarburg
www.inform-saarburg.de

InnenGestaltung Oßwald
Raimund Oßwald
Völkstraße 33
D-86150 Augsburg
www.raimundosswald.de

Kambium
Hansaring 79–81
D-50670 Köln
www.kambium.de

Küchenkunst Kohl
Marktstraße 195
D-72793 Pfullingen
www.kuechenkunst.de

landau und kindelbacher
architekten – innenarchitekten
Tattenbachstraße 18
D-80538 München
www.landaukindelbacher.de

philip lutz architektur
Am Ruggbach 9a
A-6911 Lochau
www.philiplutz.at

Katja Reiter D.I.
Innenarchitektur
Schnieglinger Straße 187
D-90427 Nürnberg
www.katjareiter.de

rother's maßnahme
Maybachstraße 8
D-50670 Köln
www.rothersmassnahme.de

Schlögl & Süß Architekten
ZT Gesellschaft OEG
Universitätsstraße 22
A-6020 Innsbruck
www.schloegl-suess.at

Martin Strasser
Isenbackstraße 9
D-85777 Großeisenbach/Fahrenz-
hausen
www.schreinerei-strasser.de

Margarete Weidinger Architektin
Adam-Kraft-Straße 55
D-90149 Nürnberg
margarete-weidinger@t-online.de

das werkteam
Christian Kaulbach
Oststraße 1
D-58511 Lüdenscheid
info@das-werkteam.de

Lucia Wiedemann
Wiedemann Werkstätten
Showroom
Brienner Straße 10
D-80333 München
www.wiedemann-werkstaetten.de

Ausführende Firmen

Gestaltung 3e
Von-Cancrin-Straße 1
D-63877 Sailauf
www.gestaltung-3e.de

R. Bayer Betonsteinwerk GmbH
Betonwerkstein Manufaktur
Dr. Georg-Spohn-Straße 21
D-89143 Blaubeuren
www.betonwerkstein.de

die betonköpfe
Zschortauerstraße 42
D-04129 Leipzig
www.die-betonkoepfe.de

willi bruckbauer –
küchenideen im werkhaus
Rosenheimer Straße 32
D-83046 Raubling
www.schreinerkueche.de

Bruckbauer
Möbelschreinerei – Objektausbau
Kufsteiner Straße 76
D-83026 Rosenheim

Donhauser Innenausbau
Amberger Straße 15–19
D-92245 Kümmersbruck

Tischlerei Konrad Fenzl
Glochenklanger Straße 32
D-08349 Johanngeorgenstadt
www.tischlerei-fenzl.de

Tischlerei Flatz
Allgäustraße 103
A-6912 Hörbranz

Josef Härle
Kreativwerkstein
Altkellmünzerweg 20
D-88486 Kirchberg
www.josef-haerle.de

Schreinerei Gerhard Huber
Gewerbering 19
D-86438 Kissing
www.gerhard-huber.de

Tischlerei Albin Hutle
Lustenauerstraße 87
A-6850 Dornbirn
www.hutle.com

INFORM
Sinnvoller Innenausbau
Rudolf-Diesel-Straße 1
D-54439 Saarburg
www.inform-saarburg.de

Innenausbau Werner Kiem
Handwerkerzone St. Peter 137a
I-39040 Villnöss
www.innenausbaukiem.com

Kambium
Hansaring 79–81
D-50670 Köln
www.kambium.de

Tischlerei Konzett
Kirchberg 102
A-6733 Fontanella
www.tischlerei-konzett.at

Küchenkunst Kohl
Marktstraße 195
D-72793 Pfullingen
www.kuechenkunst.de

Tischlerei Lorünser
Rellstalstraße 3
A-6773 Vandans
www.tischlerei-loruenser.at

Möbel Lutz GmbH
Industriestraße 27
A-6923 Lauterach
www.xxxlutz.at

Schreinerei Popp Art
Jaudenmühl 1
D-82418 Habach

Schreinerei Steck und Müller
Koloniestraße 36
D-86399 Bobingen
www.steck-mueller.de

Schreinerei Strasser GmbH & Co KG
Isenbackstraße 9
D-85777
Großeisenbach/Fahrenzhausen
www.schreinerei-strasser.de

Villa Rocca
Auerstraße 6
D-79108 Freiburg
www.villarocca.de

Wiedemann Werkstätten
Anton-Wagner-Straße 9
D-89420 Höchstädt
www.wiedemann-werkstaetten.de

das werkteam
Oststraße 1
D-58511 Lüdenscheid
info@das-werkteam.de

Schreinerei Ziegler GmbH
Daimlerstraße 7
D-71701 Schwieberdingen
www.ziegler-schreinerei.de

Fotografen

Adi Bereuter
Bundesstraße 93a
A-6923 Lauterach

Andreas von Einsiedel
72–80 Leather Lane
GB-London EC 1N 7TR
www.einsiedel.com

Thomas Esch
Planetenring 8
D-90471 Nürnberg
thomas.esch@surf-club.de

Robert Fessler
Mühlestraße 2
A-6923 Lauterach
robert.fessler@vol.at

David Franck Photographie
Claude-Dornier-Straße 12
D-73760 Ostfildern
www.davidfranck.de

Herbert Gruber
Goldschmiedgasse 6
D-83395 Freilassing
www.photografie-gruber.de

Michael Heinrich
Hachinger-Bach-Straße 27
D-81671 München
www.m-h.de

Oliver Heissner
Wrangelstraße 53
D-20253 Hamburg
www.oliverheissner.com

Klomfar & Partner
Gumpendorfstraße 113/26
A-1060 Wien
www.klomfar.com

Christoph Lison
Eysseneckstraße 23
D-60322 Frankfurt
clison@aol.com

Rainer Mader
Alte Schule am Runden Baum
D-53937 Schleiden
www.rainermader.de

Bernhard Müller
Schillerstraße 26
D-72764 Reutlingen
www.journalfoto.de

Stefan Müller-Naumann
Tegernseer Landstraße 161
D-80333 München
www.mueller-naumann.de

Wolfgang Pulfer
Pippingerstraße 26
D-81245 München
wpulfer@aol.com

Anke Schlüter Fotografie
Düsseldorfer Straße 18
D-51063 Köln
www.anke-schlueter.de

Olaf Tiedje
Pastoriusstraße 4
D-90480 Nürnberg
www.olaftiedje.de

Günther Richard Wett
Architekturfotografie
Mandelsberger Straße 9
A-6020 Innsbruck
fotogrw@yahoo.de

Zirn & Grötsch Photograghy GmbH
Michael Zirn
Hauptstraße 3
D-91183 Abenberg
www.zirn-groetsch.de

Abbildungsnachweis

Fotos

S. 8 oben: Oliver Heissner
S. 8 Siemens
S. 9 aus: *Bauwelt*, Jg. 18, 1927
S. 10 aus: *Der Baumeister*, Jg. 28, 1930
S. 11 Poggenpohl Möbelwerke GmbH
S. 12 Bulthaup GmbH & Co. KG
S. 14 oben: InnengestaltungOßwald
S. 14 unten: Wolfgang Pulfer
S. 17 Thomas Esch
S. 18 oben: Oliver Heissner
S. 18 unten links: Günther Richard Wett
S. 18 unten rechts: Anke Schlüter
S. 19 oben: alpicto GmbH
S. 19 unten links und Mitte: Herbert Gruber
S. 19 unten rechts: Wolfgang Pulfer
S. 20 oben links: Anke Schlüter
S. 20 oben rechts: Thomas Esch
S. 20 Mitte und unten: Graniteland
S. 21 DuPont™
S. 22 Villa Rocca OHG
S. 23 unten links: Christoph Lison
S. 23 unten rechts: Inform Saarburg
S. 24 links: Niemann Möbelteile GmbH & Co.KG
S. 24 Mitte und rechts: FunderMax GmbH
S. 25 David Franck
S. 26 Christoph Lison
S. 27 oben und unten rechts: Neff GmbH
S. 27 unten links: Siemens
S. 28 oben: Gaggenau Hausgeräte GmbH
S. 28 unten: Neff GmbH
S. 32–33 baustein architekten
S. 34–35 Wolfgang Pulfer
S. 36–37 gestaltung 3e
S. 38–41 das werkteam
S. 42–43 Bruno Klomfar
S. 44–45 Wolfgang Pulfer
S. 46–47 Inform Saarburg
S. 48–49 Michael Heinrich
S. 50–51 Christoph Lison
S. 52–55 Olaf Tiedje
S. 56–67 Bruno Klomfar
S. 58–61 Buchecker Architekten
S. 62–65 Wolfgang Pulfer
S. 66–67 Herbert Gruber
S. 68–69 Adi Bereuter
S. 70–71 Bernhard Müller
S. 72–75 Christoph Lison
S. 76–77 Oliver Heissner
S. 78–79 Anke Schlüter
S. 80–81 Michael Heinrich
S. 82–85 Wolfgang Pulfer
S. 86–87 Robert Fessler
S. 88–91 Christoph Lison
S. 92–95 Bembé Dellinger Architekten
S. 96–99 Günther Richard Wett
S. 100–101 Stefan Müller-Naumann
S. 102–105 Zirn & Grötsch Photography GmbH
S. 106–109 Oliver Heissner
S. 110–111 Stefan Müller-Naumann
S. 112–113 Herbert Gruber
S. 114–115 Anke Schlüter
S. 116–119 David Franck
S. 120–123 Andreas von Einsiedel
S. 124–127 Rainer Mader
S. 128–131 Thomas Esch
S. 132–135 Oliver Heissner

Zeichnungen

Roger Mandl mit Marcus Witte

Dank

Mein Dank gilt allen, die zum Gelingen dieses Buches beigetragen haben, insbesondere den Gestaltern der Küchen und den Fotografen für die Bereitstellung der Unterlagen.

Bibliografische Information
Der Deutschen Bibliothek
Die Deutsche Bibliothek verzeichnet diese
Publikation in der Deutschen Nationalbibliografie;
detaillierte bibliografische Daten sind im
Internet über http://dnb.ddb.de abrufbar.

Diese Ausgabe wurde auf chlor- und säurefrei
gebleichtem, alterungsbeständigem Papier gedruckt.

1. Auflage

Satz und Layout: a.visus, Michael Hempel, München
Lithografie: ReprolineMediateam, München
Druck und Bindung: Offizin Andersen Nexö, Leipzig
Printed in Germany

ISBN 10: 3-421-03619-5
ISBN 13: 978-3-421-03619-3

www.dva.de